Gunda Maria Eggerking

Das Wunder von Lourdes

Bernadette · Schwester Marie-Bernard

DIE AUTORIN

Gunda Maria Eggerking ist Diplom-Pädagogin (Univ.) und beschäftigt sich seit vielen Jahren mit katholisch-theologischen Themen und den spirituellen Geheimnissen des Christentums. Sie ist im Bereich der Wissensvermittlung tätig.

GUNDA MARIA EGGERKING

DAS WUNDER VON LOURDES

BAND II
BERNADETTE ·
SCHWESTER MARIE-BERNARD

BERNARDUS-VERLAG 2021

Impressum

1. Auflage 2021

In der Verlagsgruppe Mainz

Printed in Germany

Bernardus-Verlag
Verlagsgruppe Mainz
Süsterfeldstraße 83
52072 Aachen
www.bernardus-verlag.de

Gestaltung, Druck und Vertrieb:
Druck & Verlagshaus Mainz
Süsterfeldstraße 83
52072 Aachen
www.verlag-mainz.de

Abbildungsnachweis (Umschlag):
https://de.wikipedia.org/wiki/Bernadette_Soubirous#/media/Datei:Bernadette_Soubirous.jpg
https://www.franciscanmedia.org/sites/default/files/styles/blog_image/public/2020-05/SaintBernadetteSoubirous.jpg?itok=u1PX_FWe
https://www.lourdescanceresperance.com/wp-content/uploads/2015/08/CHASSE-STE-BERNDT-FACE-.jpg

ISBN-10: 3-8107-0330-3
ISBN-13: 978-3-8107-0330-9

Inhalt

Das Leben Bernadettes in Momentaufnahmen

Dieses Buch über Bernadette und ihr Leben als Schwester Marie-Bernard ist eine Art »Fotoalbum in Worten«, durch das Sie, lieber Leser und liebe Leserin, geführt werden. Es sind »Momentaufnahmen« aus ihrem kurzen, aber beeindruckenden Leben. Es sind alte und sehr private »Fotos«, Aufzeichnungen von Menschen, die Bernadette persönlich gekannt haben, sowie Briefe, die sie selbst geschrieben hat. Um ihre Authentizität zu erhalten, gebe ich sie als Zitate wieder. Sie stammen aus Bernadettes Zeit in Lourdes, zu der auch die Jahre ihrer Kindheit in Bartrès gehören, sowie aus ihrem Leben als Schwester Marie-Bernard in Nevers. Und wie ein Fotoalbum von den darin enthaltenen Bildern lebt, lebt dieses Buch von den Zitaten und Momentaufnahmen, aus denen es besteht.

Zu den Originalzeugnissen, die sich überwiegend auf Bernadettes Leben in Lourdes konzentrieren, ist zunächst »›Die über alles schöne Frau‹ Die wahre Geschichte der heiligen Bernadette nach den ersten authentischen Augenzeugenberichten« von Jean Barbet zu nennen. Außerdem »Bernadette, die Begnadete von Lourdes« von Jean B. Estrade, der nach eigenen Angaben Steuereinnehmer in Lourdes war. Der Herausgeber des Buches »Die über alles schöne Frau«, Arnold Guillet, schreibt, dass diese beiden die ersten waren, die die Geschichte der heiligen Bernadette aufgeschrieben haben; wobei Jean Barbet dabei eine besondere Rolle zukommt, die Arnold Guillet bewogen hat, mit seinem Buch gänzlich auf die Biographie von Jean Barbet zurückzugreifen: »Er war einer der ersten, die an Bernadettes Mission geglaubt haben; er galt als einer der besten Eingeweihten und sein Haus war ein Treffpunkt für Freunde und Interessenten, die Näheres über Lourdes erfahren wollten. [...] Jean Barbet kannte Bernadette persönlich, er war Augenzeuge der Erscheinungen, er hat den unbeschreiblichen überirdischen Abglanz auf ihrem Antlitz gesehen und er hat auch alle erreichbaren Berichte der ersten Augenzeugen taufrisch gesammelt und wortgetreu aufgezeichnet. Diese Unmittelbarkeit und Originalität ist durch nichts aufzuwiegen.« Und so heißt es auch in einer Anmerkung: »Alle Dialoge dieses Buches sind absolut wahrheitsgetreu: Wir geben sie getreulich wieder und erfinden nichts dazu. Alle Gespräche, wie wir sie hier wiedergeben, wurden uns von den Mitbeteiligten dieser Geschichte selbst oder Zeugen, deren Erinnerung wachgeblieben war, berichtet. Erwähnen will ich noch, dass diese Aussagen einzig und allein aus dem Dialekt von Bigorre, der einzigen Sprache, die Bernadette damals verstand, übersetzt wurden.« Das betrifft jedoch selbstverständlich nur die ursprüngliche französische Ausgabe, die mit dem Titel »La Dame plus belle que tout« in Paris veröffentlicht wurde. Dennoch werde auch ich einige seiner sehr lebendigen Erzählungen wiedergeben, da sie den Hauch der Unmittelbarkeit in sich tragen.

Mir persönlich sind jedoch Jean B. Estrades Berichte ebenso wichtig, da Bernadette sich mit ihm und seiner Schwester, die ihm den Haushalt führte, nach und nach anfreundete. »War sie anfangs auch sehr zurückhaltend, so ging sie im Laufe der Zeit immer mehr aus sich heraus.« Ihre Erzählungen von dem Ereignis am 11. Februar 1858 gibt Jean B. Estrade in seinem Buch mit folgenden einleitenden Worten wieder: »Ich will es in ihrer rührenden und schlichten Sprache erzählen, wie ich es zehn-, zwanzig-, ja vielleicht sogar hundertmal Wort für Wort gehört habe. Da Bernadette nur den in Lourdes gesprochenen Dialekt verstand und sprach, sei ihr Bericht in der französischen Schriftsprache wiedergegeben.« Darüber hinaus erleben wir Jean B. Estrade ebenso wie Jean Barbet als Erzähler eigener Erlebnisse, sowie als Erzähler von Ereignissen, die sich um das eigentliche Geschehen abspielten. In meinen Ausführungen ergänzen sich diese Autoren, die beide denselben Vornamen Johannes tragen, wie nach alter Überlieferung auch der Jünger, »den Jesus lieb hatte.«[1]

Aus Bernadettes Zeit im Kloster Saint-Gildard in Nevers sind wertvolle Interviews erhalten, die der Priester Ernest Guynot (langjähriger Regens des Priesterseminars in Nevers) in den 1930er Jahren mit den noch lebenden Schwestern, die Bernadette in Saint-Gildard kennengelernt hatten, führen konnte. Auch wenn er bereits im Jenseits weilt, möchte ich ihm meinen tiefsten Dank aussprechen, dass er sich die Mühe gemacht hat, durch Frankreich zu reisen, um die bereits im Alter stehenden Schwestern aufzusuchen. Diese in der Freude des Gedenkens an Bernadette wiedergegebenen Erinnerungen eröffnen uns einen Blick auf eine stets freundliche, herzende und scherzende, aber auch mahnende Schwester Marie-Bernard, den niemand anders haben konnte als diejenigen, die sie persönlich in Saint-Gildard erlebten. Durch diese Sichtweise der Schwestern korrigieren sich viele falsche Interpretationen ihres Lebens in Nevers wie von selbst.

Diese Zeugnisse ergänzen Bernadettes »›Carnet‹ de notes intimes«, ihr »Notizbuch mit ganz persönlichen Aufzeichnungen«, das der Jesuitenpater André Ravier herausgegeben hat und das »mit dem freundlichen Einverständnis der Schwestern von der Nächstenliebe und christlichen Erziehung in Nevers und des H.H. Paters Ravier« in zweiter Auflage 1985 von Kurt L. Theisinger »in der gebotenen Ehrfurcht« ins Deutsche übertragen wurde. Hinzu kommen einige ihrer Briefe, die uns ebenfalls André Ravier überliefert hat und seine Kommentare und Berichte als Priester. Pater Ravier, der auch dafür ge-

1 Vgl. Benedikt XVI.: »Bleibt in meiner Liebe.« Katechesen über die Apostel. Freiburg im Breisgau: Herder 2007.

sorgt hat, dass das Büchlein »Bernadette in Nevers« von Ernest Guynot über drei Jahrzehnte nach der Erstausgabe zum dritten Mal neu aufgelegt werden konnte, gilt als der große Spezialist in allen Fragen, die Bernadette betreffen, schreibt Ernest Guynot im Vorwort. Das sind meine Hauptquellen. Hinzu kommen ergänzende »Fotos« von Dom Bernard Billet OSB, André Doze, Professor Dr. Alfred Läpple, Werner Radspieler und Alphons Maria Rathgeber, sowie der französische Heiligtumsführer und die kleine Broschüre »Discover Bernadette in Nevers«.

Bei der Heiligsprechung Bernadettes mit ihrem religiösen Schwester Marie-Bernard am 8. Dezember 1933 betonte Papst Pius XI., dass im ganzen Leben der neuen Heiligen eine Botschaft von unerschöpflichem Reichtum liegt. Einen Teil dieses unerschöpflichen Reichtums habe ich in den »Momentaufnahmen« dieses »Wortfoto-Albums« wiedergegeben, die es jedem einzelnen von uns erlauben, ein möglichst authentisches Bild von Bernadette in Bartrès und Lourdes und als Schwester Marie-Bernard in Nevers zu erhalten. Und da ich mir bewusst bin, dass ich als Autorin ihr wundervolles Wesen nur so ausleuchten kann, wie ich von den mir vorliegenden Zeugnissen berührt wurde und werde, lasse ich mich von der Liebe in meinem Herzen leiten.

Bernadette, ein Kind der Liebe

Damit Bernadette die Aufgabe erfüllen konnte, zu der sie ausersehen war, musste sie bereits vor ihrer irdischen Geburt im Leib ihrer Mutter vorbereitet werden. Denn kein Mensch kann ohne eine Vorbereitung von göttlicher Seite eine höhere Aufgabe im Dienste Gottes ausführen. Diese

Vorbereitung beginnt vor der Geburt im Mutterleib und setzt sich fort durch die entsprechenden Lebensbedingungen, die der auserwählten Persönlichkeit die beste Voraussetzung für ihre Aufgabe bieten. Dass all diese Bedingungen sich bei Bernadette erfüllt haben, kann man im Laufe ihres Lebens klar erkennen. Doch beginnen wir mit dem Winter 1843/44. Bernadette wird in der Nacht vom 6. auf den 7. Januar 1844 in der Mühle Boly als erstes Kind von François und Louise Soubirous geboren. Dieses Datum ist ein besonderes Datum, und erinnert an Jeanne d'Arc, die Jungfrau von Orléans (1412–1431), die in der Nacht vom 5. auf den 6. Januar geboren wurde. Beide Mädchen erblickten also das Licht der Welt in den Nächten vor und nach dem Tag der Epiphanie (Erscheinung des Herrn) am Ende der Weihnachtszeit, die mit der Geburt Jesu am 24. Dezember beginnt. Dies ist eine weitere Verbindung zwischen den beiden Heiligen, auf die ich bereits im ersten Lourdesbuch[2] im Zusammenhang mit den »weißen Frauen« hingewiesen habe.

Um die Bedeutung dieser Tatsache zu verstehen, müssen wir wissen, dass die Kirche bis zur Einführung des Geburtsfestes Jesu im Jahre 354 n. Chr. nur den 6. Januar als Fest der Taufe Jesu gefeiert hat, bei der Christus in einen menschlichen Leib einzog und der daher auch als der Tag der »Christus-Geburt« angesehen wurde und den Namen Epiphanie erhielt. Nur wenn wir uns das in Erinnerung rufen, können wir die Heiligkeit der gesamten Weihnachtszeit vom 24. Dezember bis zum 6. Januar nachvollziehen. Wenn also bei gewissen Menschen, die eine besondere Aufgabe in ihrem Leben zu erfüllen haben, der Geburtstag auf den 6. Januar oder kurz danach fällt, kann man annehmen, dass bereits auf das Unge-

2 Gunda Maria Eggerking: Das Wunder von Lourdes I. Eine Reise durch die Zeit. Aachen: Bernardus-Verlag 2020.

borene ein göttlicher Einfluss wirkte, da es gerade seine letzten dreizehn Tage während der Weihnachtszeit vom 24. Dezember bis zum 6. Januar, wo das innere Licht stärker ist als das äußere, im Leib seiner Mutter verbrachte. Dieser Zustand ist ein traumähnlicher Schlaf. Und diejenigen Tage, in denen der traumähnliche Zustand am meisten für die Einflüsse der göttlichen Welt empfänglich ist, sind die letzten Tage, die der Mensch im Mutterleib verbringt, da es der reifste Zustand des ungeborenen Kindes ist. Und so kann es sehr wohl sein, dass auch bei Bernadette in diesen besonders dafür geeigneten heiligen Tagen, kurz bevor sie das Licht der Welt erblickte, Christus bereits auf ihre noch unbewussten und von den Sinnen unberührten Seelenkräfte einwirkte. Dadurch wird uns auch verständlich, dass sich Bernadette bereits von klein auf durch eine besonders innige Frömmigkeit auszeichnete, die sie nicht nur auf die Erscheinungen vorbereitete, sondern auch in ihrem weiteren Leben immer näher zu Jesus Christus führte. Hinzu kommt, dass sie ein Kind der Liebe ihrer Eltern war – die wichtigste Voraussetzung für ein von Gott auserwähltes kleines Wesen.

Die Geschichte von Bernadettes Eltern ist eine wahre Liebesgeschichte, wie sie uns in dem Buch von Jean Barbet nahegebracht wird. Sie beginnt mit Bernadettes Vater: »François Soubirous wurde in der Nacht vom 6. auf den 7. Juli 1807 in der Mühle von Latour in Lourdes, gegenüber dem Dorf Aspin, geboren. Er war der Sohn des Müllers Joseph Soubirous und der Marie Dassis, deren Eltern Bäckersleute in Tarbes waren. Die Soubirous, seit Generationen von Beruf Müllersleute, waren bei ihren Kunden sehr beliebt. Viele unter ihnen waren arme Bauern, und wenn zu Beginn des Sommers die Vorräte knapp wurden und die Scheunen sich leerten, da schossen die Müllersleute Soubirous gerne einige Scheffel Weizen und

Mais vor, die ihnen, ohne dass sie ›Zinsen‹ berechneten, zur Erntezeit zurückerstattet wurden.«

Arnold Guillet, der Editor des Buches von Jean Barbet, lässt uns bei François und Louise sogar an einer biblischen Liebesgeschichte teilhaben: »Es gibt kaum eine Geschichte der Bibel, die die Menschen so ergreift, wie die Geschichte von Laban, der seine Tochter Lea dem Jakob zur Frau geben wollte. Jakob aber liebte die Jüngere, die Rachel. Die Rachel war es schliesslich, die ihm den Lieblingssohn, den Joseph und den Jüngsten, den Benjamin gebar. Einen ähnlichen Konflikt gab es bei den Soubirous. Bernadettes Grossvater mütterlicherseits, Justin Castérot, war mit seinem Fuhrwerk auf der Strasse nach Poueyferré tödlich verunglückt. Wie sollte es nun weitergehen, da er in seiner Mühle nur Töchter hinterliess? Die Familie Castérot fasste den Plan, die älteste Tochter, die 18jährige Bernarde mit dem 35jährigen Müller François Soubirous zu verheiraten. Diesen zog es jedoch unwiderstehlich zur jüngeren Schwester hin, zur 16jährigen, blonden und blauäugigen Louise. Sie, Louise, wurde seine Frau und später Bernadettes Mutter.« André Doze schreibt dazu: »Wenn man einmal einen flüchtigen Blick auf François Soubirous getan hat, bleibt er unvergesslich. Anstatt der Erbin der Boly-Mühle, die ihm angeboten war, heiratete er ihre Schwester, eine Liebesheirat. Er ist ein ungebildeter Mann, der instinktiv von der Liebe geleitet wird.«

François Soubirous verheiratete sich mit Louise Castérot am 9. Januar 1843. Nach der Heirat zog François zu Louise in die Mühle Boly, wo er für einige Jahre mit der Witwe Castérot, den drei Schwestern von Louise und ihrem kleinen Bruder zusammenleben musste, und übernahm die Mühle als Müller. Doch die Schwiegermutter, die alles tat, damit das Zusammenleben friedlich verlief, behielt die Aufsicht über das Korn, kümmerte sich um die Rechnungen, überwachte die Einnahmen und Ausgaben und versäumte es auch nicht, die Außenstände der säumigen Zahler einzufordern. Im Jahre 1848 verließ Madame Castérot mit ihren Töchtern und ihrem Sohn die Mühle, um woanders zu wohnen und François und Louise konnten ihr bereits mit Kindern gesegnetes Familienleben nun endlich nach ihrem eigenen Geschmack gestalten.

Die erste Frucht ihrer liebenden Verbindung war Bernadette, die als schwächliches und schmächtiges Kind in der Nacht vom 6. auf den 7. Januar 1844 auf die Welt kam und am 9. Januar in der Pfarrkirche Saint-Pierre auf den Namen Bernadette getauft wurde. Zu ihrer Namensgebung schreibt Arnold Guillet: »Nun muss man wissen, dass damals in Südfrankreich fast matriarchalische Verhältnisse herrschten. Die älteste Tochter einer Familie führte zumindest ein moralisches Regime über ihre Geschwister. So blieb es auch auf der Mühle Boly. Bernarde Castérot, die älteste und übergangene Schwester, behielt sozusagen das Familienregiment, auch nachdem Louise verheiratet war. Tante Bernarde wurde zudem Taufpatin der Erstgeborenen und diese erhielt den Namen der Taufpatin, allerdings in einer Diminuitiv-Form: sie wurde Bernadette getauft, zu deutsch etwa ›Bernhardalein‹. Tante Bernarde erklärte später stolz, ›dass sie Bernadette seit den ersten Lebensjahren als Mutter gedient habe.‹ Die Aelteste ist nach Familienrecht die ›Erbin‹ (l´héritière) und wir werden sehen, dass Bernadette später auch eine Autorität über ihre Geschwister ausüben wird. Der Name Bernharda oder Bernadette passte natürlich ausgezeichnet für eine Auserwählte der Gottesmutter. Der hl. Bernhard von Clairvaux (1090–1153) war der grosse Liebling und ›Minnesänger‹ der Gottesmutter und keiner unter allen Theologen und Kirchenlehrern hat die hohe Würde der Gottesgebärerin überzeugender und leidenschaftlicher verkündet als der grosse Heilige aus Burgund.«

François verstand das Müllershandwerk, aber er verstand nicht das Wirtschaften, das bis dahin der Aufgabenbereich seiner Schwiegermutter gewesen war. Da eine Müllerei auch eine bestimmte soziale Position darstellte, liebten es François und Louise am Anfang ihrer gewonnenen Freiheit vor allem gastfreundlich zu sein und mit allen Menschen im Einklang zu leben. François, dem dieses Verhalten im Blut lag, war ein ganz anderer Mensch als Madame Castérot, die eine Begabung für die wirtschaftliche Seite einer Mühle hatte. François Soubirous war zu gutmütig, sagten seine Landsleute.

Das schildert Alphons Maria Rathgeber genauer: »Der Vater François war nach der Schilderung seiner Vettern ›ein einfacher Mann, zartbesaitet und schüchtern. In seinem Haus war für Streit und Zank kein Platz. Hier herrschten gutes Einvernehmen und treues Zusammenhalten.‹ François, der ebenso wie seine Frau Louise weder lesen noch schreiben konnte, war als Geschäftsmann wenig bewandert und allzu gutmütig. Sein Vertrauen wurde von den Kunden oft genug mißbraucht. Sie wußten: Der Müller Soubirous ist immer bereit, anzuschreiben und auf Borg zu geben [...] Eine Verwandte erzählte: ›Für die Kunden lag immer Brot, Wein und Käse bereit, so daß die Soubirous oft mehr ausgaben als sie einnahmen.‹ Das Unvermögen des schreibunkundigen Müllers, ordnungsgemäße Rechnungen auszustellen, wurde ihm allzu oft zum Schaden. So war es nicht verwunderlich, daß das Geschäft mehr und mehr zurückging.« Hinzu kam, dass durch die im Tal errichteten industriellen Mühlen die finanzielle Situation der kleinen familiären Mühle Boly immer schlechter wurde und nicht mehr rentabel war. Schließlich trat das äußere Ereignis ein, dass die Mühle 1852 verkauft wurde und der neue Besitzer die Familie Soubirous wissen ließ, dass er sie selbst bewirtschaften wollte. Und 1854 mussten François und Louise mit ihren vier Kindern – (Jean-Marie war 1848 bereits im Jahr seiner Geburt gestorben) Bernarde-Marie, genannt Bernadette, geboren am 7. Januar 1844; Jean, geboren am 3 Januar 1845; Toinette, geboren am 17. September 1846 und Jean-Marie, geboren am 17. März 1851 – die Mühle verlassen und waren nun gezwungen, woanders Unterkunft und Arbeit zu suchen.

Doch bei allem, was der Familie Soubirous in der Mühle widerfuhr und noch widerfahren sollte, niemals litt ihre gegenseitige Liebe und die Liebe zu ihren Kindern unter den Umständen, denen sie ausgesetzt waren. Denn diese Liebe war das Wichtigste. Es trug sie über alles Leid hinweg. Und wenn wir weiter verfolgen, wie der Weg Bernadettes verlaufen wäre, wenn die Soubirous in der Mühle Boly geblieben wären, ihr gutes Auskommen gehabt hätten und Bernadette dadurch auch gesund geblieben wäre, hätte es das Geschehen an der Grotte, das seit langer Zeit im Himmel beschlossen war, nicht gegeben. So möchte ich Sie, lieber Leser und liebe Leserin bitten, bei allem, was ich zunächst von Bernadettes Lebensweg bis zu ihrem vierzehnten Lebensjahr mit Ihnen teilen möchte, diesen Gedanken im Herzen zu behalten: Alles, was Bernadette bis zum Jahre 1858 widerfahren ist, diente dem einen Ziel, sie in der richtigen Weise auf ihre große Aufgabe vorzubereiten.

Damit komme ich zurück zum Jahr 1844, als Bernadette geboren wurde. Die Welt in der Mühle Boly war noch in Ordnung und François und Louise waren glücklich, ihr erstes Kind in den Armen zu halten. Doch Louise war noch sehr jung und die nun anfallende Mehrarbeit erschöpfte sie. Und so geschah es, als Bernadette gerade erst vier bis fünf Monate alt und ihre Mutter bereits wieder mit ihrem zweiten Kind schwanger war, dass Louise von der Tagesarbeit so erschöpft war, dass sie eines Abends am Herd einschlief und nicht bemerkte, wie die in der Stube brennende Harzkerze auf ihre Kleider fiel. Die Kleider fingen Feuer und verbrannten ihre Brust schwer. Was für ein schreckliches Ereignis für die kleine Familie! Denn abgesehen von dem Schock und den Schmerzen, die Louise erlitten hat, bedeutete das zugleich, dass die junge Mutter ihr Kind nicht mehr stillen konnte und ihr die bange Frage in den Sinn kam: »War nun Bernadette zum Verhungern verurteilt?« Nein! Die göttliche Vorsehung schickte umgehend Hilfe. Marie Laguës aus Bartrès, die eine Kundin der Mühle war, erfuhr von dem Unglück, das der Müllerin widerfahren war und eilte zur Mühle. Sie hatte vor kurzem ihr eigenes Kind verloren, einen Sohn, der genau so alt war wie Bernadette und bot sich an, Bernadette an seiner Stelle zu stillen. Die Eltern waren erleichtert und so nahm sie den Säugling der Soubirous in die Arme und brachte ihn nach Bartrès, um ihn anstelle ihres Sohnes zu stillen. Die kleine Bernadette war gerettet und ein bedeutender Abschnitt ihres vorbestimmten Lebens konnte beginnen. Und wenn man den Satz »Man hat die Traditionen mit der Muttermilch aufgesogen« wörtlich nimmt, stellt man erstaunt fest, dass Bernadette genau das bei ihrer Amme getan hat: Sie hat die tiefreligiöse Haltung der Leute von Bartrès in sich aufgenommen und somit ihre angeborene Frömmigkeit genährt.

Bernadette in Bartrès

Jean Barbet, der 1828 in Bartrès geboren wurde und zu der damaligen Zeit dort als Lehrer wirkte, gibt uns nun einen Einblick in das Leben Bernadettes innerhalb der tiefgläubigen Dorfgemeinschaft von Bartrès:

»Drei Kilometer im Norden von Lourdes liegt im Grunde eines trichterförmigen Tales, das durch die vier

Hügel gebildet wird und deren Wasser nordwärts gegen das Dorf Adé fliessen, der Ort Bartrès, dessen Häuser entlang einer Strasse stehen, die kreisförmig verläuft und ein richtiges Rad bildet. Die Kirche steht auf einer kleinen Erhebung, die früher von riesigen Buchen umgeben war. Kirchenschiff und Glockenturm sind aus neuerer Zeit, aber das Chorgewölbe aus früheren Jahrhunderten wurde nicht angetastet. Die dem hl. Johannes geweihte Kirche von Bartrès beherbergt über dem Altar drei Szenen aus dem Leben des heiligen Patrons [...]. Den Hochaltar zieren ausserdem anmutige Säulen, um die sich Weinreben schlingen. Alles atmet hier Ruhe und Sammlung.

Bei den Einwohnern von Bartrès herrschten altväterliche Sitten und es wurde ein vorbildliches Familienleben gepflegt. Man ging wenig ins Wirtshaus, half sich gegenseitig beim Holzeinschlag und Abtransport aus, wobei die Wohlhabenden ihre Tiere ausliehen und die Ärmeren diese Leistung dann durch Arbeit vergalten. Für sie stand das Wort für die Tat selbst. Regelmässig an den religiösen Handlungen teilnehmend und voll tiefen Respekts für ihre Pfarrer, waren sie die würdigen Nachfolger jener Leute von Bartrès, die während der Revolution von anno 1789 die heiligen Messgeräte unter Einsatz ihres Lebens verborgen hielten und sich nachts in einer Scheune versammelten, um dem Gottesdienst beizuwohnen. Wenn die Glocke ihrer Kirche morgens, mittags oder abends zur Messe oder auch das Totenglöckchen läutete, so hielten sie mit ihrer Arbeit inne, wo sie auch gerade auf ihren Feldern waren; die Männer entblössten ihre Häupter, die Frauen knieten nieder und alle beteten zusammen den Angelus. Niemals gingen sie am Kruzifix des Wegkreuzes vorbei, ohne sich zu bekreuzigen. So waren die Leute von Bartrès.

Marie Laguës [1824–1900] gehörte zur Familie Aravant, genannt Burg, einer der wohlhabendsten und angesehensten des Dorfes. Ihre Mutter, Jeanne Aravant, geborene Bernata, war eine umsichtige, arbeitsame und fromme Frau, hilfsbereit und gut gegen die Armen. Ihr Vater, Denis Aravant, war ein bisschen selbstsüchtig und eng; ihr Mann, Basile Laguës, der aus Poueyferré stammte, war ein braver Kerl, aber ohne Bildung. [...] Marie Laguës, fromm wie ihre Mutter, war jedoch eher nüchternen Gemüts und ›ein wenig sparsam‹. Die Wohnung der Laguës setzte sich dazumal aus zwei grossen Räumen zusammen, die durch einen Gang getrennt waren: Ein Raum diente als Küche und hatte ausserdem zwei Betten, der andere Raum war das Schlafzimmer und enthielt drei Betten. Ein dritter winziger Raum, der hinter der Küche versteckt lag, war für den Knecht bestimmt. Die Betten waren sauber, die Kleidungsstücke wurden an der Wand aufgehängt, zwischen den Pfosten hingen Stränge aus Wolle und Flachs, die Vorräte an Lebensmitteln waren beträchtlich. Dann gab es noch einige kleine Statuen von Heiligen, ein Kruzifix auf dem Kamin und an jedem Bett ein Weihwasserkesselchen, von einem Rosenkranz umschlungen und einem geweihten Palmzweig geziert, und schliesslich noch einige Gebetsbücher, Bilder und alte Druckwerke, Reste der Bibliothek eines früheren Pfarrers, die jedoch niemals geöffnet wurden.

Bei den Laguës, wie in allen gut bewirtschafteten Hausern der Gegend buk man für den alten Hofbauern und seine Frau Brot aus purem Weizen, während die Jungen und das Gesinde solches aus Mais und Weizen gemischt erhielten. Die Herrin des Hauses teilte dem Hirten dessen Tagesration zu. Im allgemeinen war die Nahrung gut und ausreichend: Gedörrte Maisfladen, Suppe und Kesselfleisch morgens, Milchsuppe und Nudeln abends. An Weihnachten und zum Namensfest des hl. Johannes, zugleich Gemeindefest, gab es Weissbrot, Wein und Fleisch für das ganze Haus. Man arbeitete viel bei den Laguës, die einen zahlreichen Viehbestand aus Schafen und Kühen und auch ausgedehnten Landbesitz ihr eigen nannten. Im Sommer war man bis zum Einbruch der Nacht auf den Feldern. Im Winter, sobald der Abend angebrochen war, körnten die Männer Mais aus oder setzten ihre Feldwerkzeuge instand, während die Frauen Leinen woben und Wolle spannen, Strümpfe strickten oder Wäsche und Kleider flickten. Man las nie, aus dem einfachen Grund, weil der Vater Laguës ein ausgesprochener Analphabet war. Was die Mutter anbetraf, die wohl ein wenig lesen konnte, so war diese zu sehr damit beschäftigt, ihre kleinen Kinder zu versorgen. Nach diesem eher tätigen Feierabend betete man im Dialekt des Dorfes gemeinsam zu Abend und begab sich dann zur verdienten Ruhe.«

In dieser tiefreligiösen, friedlichen und arbeitsamen Umgebung verbrachte Bernadette nun die ersten drei Jahre ihres Lebens. Sie wurde nicht nur von ihrer Amme gestillt, sondern gehörte als Pflegekind zur Familie dazu. Deshalb nahm sich Marie Laguës ihrer Erziehung ebenso an, wie der ihrer eigenen Kinder, auch wenn sie Bernadette die Liebe der eigenen Mutter nicht ersetzen konnte. Da die Laguës einen gut bewirtschafteten Bauernhof besaßen, wuchs Bernadette in der Natur mit vielen Menschen und Tieren auf und bekam alles, was sie zum Leben brauchte.

Als Bernadette nach dieser Zeit wieder bei ihrer Familie in der Mühle Boly wohnte, kamen Marie und Basile Laguës an den hohen Feiertagen und holten sie ab, so dass sie für einige Stunden die wohltuende Atmosphäre von Bartrès wiederfand. Als Bernadette acht oder neun Jahre alt war, holten die Laguës sie von da an jeden Sommer, denn nun war sie alt genug, den Hirten zu ersetzen, der somit für die Erntearbeiten frei wurde. Man vertraute ihr die Lämmer an und manchmal auch die Aufsicht über die Schafe. Sobald die Zeit der großen Feldarbeiten vorüber war, brachte man sie wieder zu ihrer Familie zurück.

Bereits sehr früh, schreibt Jean Barbet, hatte die fromme Marie Laguës der kleinen Bernadette im dort herrschenden Dialekt von Bigorre beigebracht, die täglichen Gebete zu sprechen und dazu jeden Tag ihren Rosenkranz zu beten. Und wenn Bernadette dann während des Lämmerhütens »… auf den Berghängen von Bartrès, von wo aus man die fruchtbare und vielgestaltige Ebene überblickt und auch die mächtigprächtigen Berge im Angesicht hat, den Ruf der Dorfglocke hörte, kniete sie rasch nieder und betete, so wie sie es bei den Schaffenden inmitten der Felder dort unten sah. In der ausgedehnten Heide, wo der Horizont so weit ist und die Einsamkeit so tief, sah sie die Lerche trillernd zum Himmel emporsteigen und das kleine Hirtenmädchen erwiderte auf seine Weise durch das Gebet die Aufforderung des Vogels …

So geschah es eines Tages, dass die kleine Hirtin ihre Lämmerherde im Osten der Gemeinde auf die Weide trieb. Es gab damals keine Brücke über den Bach, der die Strasse am Ortsende versperrte. Nur ein wackliger Steg für Fussgänger war vorhanden. Drei Häuser und der Obstgarten der Laguës bildeten die vier Winkel dieses Überganges. Mit überraschender Plötzlichkeit brach ein Unwetter aus und Bernadette schickte sich eilends an, ihre Lämmlein nach Hause zu bringen. Während sie morgens den Bach ohne Schwierigkeiten überschritten hatte, war dieser urplötzlich so angeschwollen, dass sie sich vor einem unpassierbaren Fluss befand. Ganz verängstigt inmitten ihrer Lämmer stehend, die zurückwichen, starrte Bernadette … und siehe, da teilten sich die Wasser vor ihr: Jene flussaufwärts schienen wie aufgehalten, jene flussabwärts begannen weiterzufliessen und liessen dazwischen eine Furt frei. Bernadette schritt mit ihrer Herde hindurch und sogleich schlossen sich die Fluten wieder und nahmen ihren natürlichen Lauf …

Auf der Schwelle ihrer Häuser stehend, die vom Hochwasser bedroht wurden, standen die Nachbarinnen Domenge Barrère, Marie Pujo und Marie Adias und schauten: Sie sahen das Wunder. Von ihnen selbst stammt dieser Bericht.

Dann eines anderen Tages …

An einem anderen Tage, nochmals von einem heftigen Regen auf der Strasse nach Lourdes mit ihrer Herde überrascht, trieb sie diese in aller Eile dem Dorfe zu. Es goss in Kübeln, der Wind blies gewaltig. Vor dem Hause Vignes, genannt Salou, angelangt, war sie ausserstande, die Herde weiter voranzubringen. Als Frau Vignes das Mädchen machtlos dastehen sah, öffnete sie die Tür und rief ihm zu: ›Lass deine Lämmer stehen, Bernadette, du wirst unnütz nass. Komm schnell herein zu mir, trockne deine Kleider und wärm´ dich auf!‹ Bernadette trat ein. ›Da schau her‹, machte die verdutzte Frau Vignes, ›du bist ja gar nicht nass und es giesst doch wie mit Kübeln! Wie ist das möglich?‹ ›Keine Ahnung, aber ich bin nicht nass: Nicht ein Tropfen hat mich berührt, nur der Wind hat mir zugesetzt …‹ Tatsächlich war das Wasser über die Kleider des Kindes gelaufen, ohne sie zu durchdringen! Frau Vignes traute ihren Augen nicht. Sie selbst hat uns diese Geschichte erzählt.

Und das Kind wurde grösser.

So verliefen die ersten Lebensjahre von Bernadette: Im Sommer zu Bartrès, mit ihrer kleinen Herde, ihr Lieblingslamm oder ihren treuen Schäferhund ›Pigou‹ streichelnd, draussen in der Natur. Manchmal war auch ein anderes kleines Hirtenmädchen dabei und es wurde fröhlich geschwatzt und gespielt. Oft liess sie ihren Rosenkranz durch die Hände gleiten. Es gefiel ihr in Bartrès und jedermann mochte sie ob ihrer lieben Art und ihres freundlichen Charakters. Häufig fügten Frauen, die wir kannten und von denen wir diese Schilderung haben, zu dem täglichen Schwarzbrot Bernadettes Weizenbrot, Früchte und auch etwas aus dem Fleischtopf hinzu. Sie bedankte sich: ›Zuerst esse ich mein Schwarzbrot, das Ihrige ist heller und schmeckt besser, daher hebe ich es zum Abend auf.‹«

Noch vierzig Jahre später, als Jean B. Estrade sein Buch schrieb, erinnerten sich viele Leute in Bartrès an die kleine Hirtin und an ihr liebenswürdiges Wesen.

Das Leben im »Cachot«

So lebte Bernadette während des Sommers in Bartrès und während der übrigen Zeit des Jahres bei ihrer Familie, wo sie ihre kleinen Geschwister beaufsichtigte, ihrer Mutter in der Küche half und ihre Familie mit ihrer innigen Frömmigkeit beglückte, die im religiös geprägten Bartrès ausreichend Nahrung gefunden hatte. Mochten François und Louise auch noch so müde von ihrer Tagesarbeit sein – allabendlich beteten sie das Vaterunser und den Rosenkranz gemeinsam mit ihren Kindern.

Nachdem die Soubirous 1854 die Mühle Boly verlassen mussten, fanden sie zuerst Unterkunft in der Mühle von Baudéan, von wo sie jedoch verjagt wurden, da sie die Pacht nicht bezahlen konnten. 1855 zogen sie in eine alte Mühle auf den kleinen Pachthof von Arcizac. Da dieser Winter sehr hart war in den Pyrenäen und große Arbeitslosigkeit herrschte, verbrachte Bernadette sieben bis acht Monate im Haus ihrer Tante Bernarde. Anfang 1856 zog die Familie von Arcizac nach Lourdes in ein Zimmer des Hauses Ribes-Soubiez, wo sie wiederum ausziehen mussten, weil sie auch hier die Miete nicht aufbringen konnten. Seit ihrem Auszug aus der Mühle Boly verdienten François und Louise den Lebensunterhalt für sich und ihre Kinder als Gelegenheitsarbeiter. Bekamen sie tagsüber Arbeit, konnten sie abends ihre Kinder mit dem Nötigsten versorgen. Konnten sie aber keine bezahlte Beschäftigung bekommen, herrschte bittere Not im Hause Soubirous, die zuweilen so groß war, dass die anstehende Miete nicht bezahlt werden konnte und sie verjagt wurden.

Nachdem das bei Soubiez wieder geschehen war, wandte sich François in seiner großen Not an seinen Vetter, den Steinmetzmeister André Sajous, der Besitzer des alten Gefängnisses von Lourdes war. Es war ein heruntergekommenes Gebäude, das sich wie alle Häuser in der Rue-des-Petits-Fossés an die Burgmauer anlehnte. Im ersten Stock gab es zwei kleine Zimmer, die André Sajous selber bewohnte. Im Erdgeschoss gab es ebenfalls zwei Räume, einer diente dem Steinmetzmeister als Werkstatt, während das andere am Ende eines Korridors ein dunkles Zimmer mit niedriger Decke und einem rauchenden Kamin war, das eine einzige Öffnung aufwies, die im Westen in einen kleinen Hof mündete.

André Sajous hatte großes Mitleid mit seinem Vetter und dessen Familie und erklärte sich im Mai 1856 bereit, ihnen diesen Raum umsonst zu überlassen. Es war ein Raum in der Größe von 4,20 x 3,70 m, der früher als Gefängnis gedient hatte und daher »Cachot« (Kerker) genannt wurde. Alphons Maria Rathgeber schreibt: »Zwei Stühle, drei Betten, ein Kleider- und Wäschekoffer – das war die ganze Einrichtung der Soubirous. Ihre Armut war so groß, daß sie nicht einmal einen Tisch ihr eigen nennen konnten.« In diesem einfachen Raum lebte die Familie Soubirous in großer Anspruchslosigkeit bis September 1858. François und Louise Soubirous nahmen als Tagelöhner jegliche Art von Arbeit an, um das Brot für ihre große Familie zu verdienen, dennoch war ihr Elend oft so groß, dass Nachbarn und Freunde der Familie zu Hilfe kommen mussten.

Bernadette lebte die nächsten zwei Jahre nicht durchgehend im »Cachot«, sondern sie verbrachte den Sommer des Jahres 1856 wie immer als Hirtin bei den Laguës. Ebenso wurde sie 1857 im Sommer zum Lämmerhüten nach Bartrès geholt und blieb diesmal bis Ende des Jahres, um sich auf ihre Erstkommunion vorzubereiten. Erst im Januar 1858 kam sie zurück nach Lourdes.

Da François und Louise Soubirous im »Cachot« keine Miete zu zahlen brauchten und deshalb auch nicht mehr verjagt werden konnten, war ihnen eine große Last von den Schultern genommen. Ruhig, fromm und gottesfürchtig führten sie in ihren ärmlichen Verhältnissen ein rechtschaffenes Leben. Jeden Abend eröffnete Bernadette, wenn sie zu Hause war, als ältestes Kind das gemeinsame Familiengebet, das Vaterunser und den Rosenkranz. Auffallend war die große Liebe, die François, Louise und die Kinder miteinander verband. Jean B. Estrade schreibt: »Wo Not und Elend herrschen, sind vielfach Streit und Unfriede zu finden. Nicht aber in der Familie Soubirous. Auch in der bittersten Not standen Vater und Mutter treu zusammen.« Zu dieser Harmonie trug Bernadettes Vater, François Soubirous, der inzwischen um die fünfzig Jahre alt war, durch seine ruhige, ausgeglichene Art sehr viel bei. André Doze schreibt: »Trotz der harten Bedingungen, trotz des Argwohns, den seine Armut erweckt [...], lebt François sein Leben weiterhin in Würde. Die Liebe zu seiner Frau und seinen Kindern (besonders seiner ältesten Tochter), sein demütiger Glaube und der Mut eines jeden Einzelnen hielten diese arme Familie davon ab, in Bettelei und Kriminalität abzurutschen. Ganz im Verborgenen [wie der heilige Joseph] stand François einem Haushalt vor, in dem dieses durchscheinende Wesen, Bernadette, heranwuchs [...]« Diese große äußere Armut ertrugen die Soubirous jedoch in völlig ungebrochenem urchristlichem Glauben, wie es auch in einer Äußerung Bernadettes deutlich wird, die Pater Ravier wiedergibt: »Eines Tages sagte sie zu ihrer Cousine Jeanne Védère (dies ist fast das einzige sichere Wort, das uns aus ihrer Kindheit überliefert wurde): ›*Wenn der gute Gott das zuläßt, darf man sich nicht beklagen.*‹« Dieses Urvertrauen hat es der ganzen Familie Soubirous ermöglicht, all die Widrigkeiten, die sie erfahren haben, als gottgegeben anzunehmen und nicht mit ihrem Schicksal zu hadern, sondern weiterhin in Liebe zusammenzuleben und ihre natürliche Würde zu behalten. Diese Würde, die auch Bernadette ausstrahlte, fiel ebenfalls Schwester *Eudoxia Chatelain* auf, die zu Ernest Guynot sagte: »Obwohl sie aus den unteren Volksschichten stammte, hatte sie eine gewisse Art von Würde, die mir imponierte. Es war eine ganz besondere, ganz einfache und natürliche Würde«. Sicherlich war es auch die Würde einer echten »Baskin«, eine angeborene Würde der pyrenäischen Bevölkerung, die in tiefer, matriachaler Tradition verwurzelt war.

Dass die Soubirous weiterhin ein Leben in Würde führten, erkannte man auch äußerlich: Ihre Wohnung war stets sauber und ordentlich. Auch Bernadette war ihr Leben lang sehr ordnungsliebend, wie es *Schwester Alfonsa*, die sie in Nevers gepflegt hatte, Ernest Guynot mitteilte: »Um sie herum war alles sauber, geordnet und gepflegt.« Ebenso ordentlich und sauber war auch die Kleidung der Soubirous, wozu selbstverständlich auch ein festtägliches Gewand gehörte. Über Bernadettes Kleidung gibt es einen schönen Bericht von Madame *Romaine Poueyto*, die frühere Bäuerin von Espèlugues bei der Grotte, den sie Ernest Guynot auf ihrem versteckt hinter Farnkrautgebüsch, Obst- und Kastanienbäumen liegenden Bauernhaus gegeben hat. Er schreibt: *Madame Poueyto* war »ein echtes Kind der Pyrenäen mit schwarzen Augen und rundem Gesicht, kaum größer als ihre Jugendfreundin Bernadette.

Sie war freundlich und zum Scherzen aufgelegt, dabei flink und munter mit ihren 89 Jahren. […] Im Gespräch über Bernadette ging der alten Bäuerin das Herz auf. Ihre Zunge war so flink wie die Wellen des Gave: ›Ich kannte Bernadette schon als Kind. Einmal kam sie zu uns an einem Sommertag. Sie war damals zwölf Jahre alt und trug ihr Brüderchen auf dem Arm. Es war erst sechs Monate alt. Ich mußte sie aufs Feld hinausführen, wo ihre Mutter mit zwei anderen Erntearbeiterinnen das Korn mit der Sichel schnitt. Das Bübchen mußte gestillt werden.‹ […] *Guynot*: ›Es würde mich auch interessieren, wie Bernadette gekleidet war.‹ *Madame Poueyto*: ›Sie trug ein langes Kleid, einen schwarzen Schal um die Schultern und ein Kopftuch auf dem Kopf. Das Capulet, eine Art Schleier, der vom Kopf über die Schultern herunterfällt, wird nicht an gewöhnlichen Tagen getragen, sondern nur zu feierlichen Anlässen. Wenn Bernadette zur Grotte ging, trug sie immer das Capulet. Sie haben sicher ihre Statue vor dem Hospital gesehen: Bernadette in kurzem Rock und Holzschuhen mit aufgebogenen Spitzen. Beides stimmt nicht. Die kleinen Mädchen von Lourdes tragen weder kurze Röcke noch solche Holzschuhe.‹ *Guynot*: ›Von ihrem Gesicht haben Sie noch gar nichts gesagt!‹ *Madame Poueyto*: ›Sie hatte ein rundes, liebes Gesicht und schöne, sanfte Augen. An jenem Morgen machte sie einen müden Eindruck. Sie war nicht kräftig und hatte doch die ganze Strecke das Bübchen auf dem Arm getragen.‹«

Bernadettes letzter Sommer in Bartrès

Kommen wir nun zum letzten Sommer, den Bernadette in Bartrès verbrachte. Jean Barbet erzählt:

»Wir sind im Jahre 1857, Ende Mai. Bernadette ist dreizehn Jahre alt geworden. Sie hat ein rundliches, lachendes und liebliches Gesicht, grosse, lebhafte und dunkle Augen von auffallender Schönheit und Haare schwarz wie Ebenholz. Von Gestalt war sie sehr viel kleiner als die anderen Mädchen ihres Alters. Sie war nicht grösser als einen Meter vierzig Zentimeter, von zarter Gesundheit, denn sie hatte sehr unter dem Elend und den Entbehrungen ihrer Eltern gelitten. Ausserdem spürte sie die Plage eines ebenso früh beginnenden wie heftigen Asthmas, das schmerzlich ihren zerbrechlichen Brustkorb zuschnürte. [Bernadette litt an Asthma in Folge einer 1855 überstandenen Cholera-Erkrankung.] Schüchtern, einfach, unwissend, hatte sie niemals den Fuss in eine Schule gesetzt und konnte um jene Zeit weder lesen noch schreiben. So war es höchste Zeit geworden, dass Bernadette ihre erste Kommunion empfing.« Da nur Marie Laguës ihr richtiges Alter kannte und sie ihr bereits die Grundgebete beigebracht hatte, nahm sie sich nun auch der religiösen Unterweisung Bernadettes an. Allabendlich bemühte sie sich, dem Kind die Grundwahrheiten des Glaubens beizubringen, auch wenn das keine leichte Aufgabe war, da Bernadette weder lesen noch schreiben konnte und Marie Laguës keine Erfahrung im Unterrichten hatte. Als sich keine Fortschritte einstellen wollten, stellte sie Bernadette im Einvernehmen mit Louise Soubirous dem Herrn Pfarrer Ader, Vikar von Bartrès vor, damit sie am Religionsunterricht teilnehmen könne. Der Pfarrer war damit einverstanden, so dass vereinbart wurde, Bernadette bis zu ihrer Erstkommunion in Bartrès zu lassen. Jean Barbet schreibt:

»Pfarrer Ader, Vikar von Batrès, war ein gescheiter, gebildeter Priester von grosser Frömmigkeit und sehr um das Heil der Seelen besorgt. Gebürtig aus Vic-Bigorre, lebte er zurückgezogen und brachte seine Zeit im Arbeitszimmer oder in der Kirche zu, wohin er oft mittags ging und regelmässig jeden Abend. Er war ein wirklicher Einsiedler und sein Name geniesst heute noch Verehrung in der Gemeinde Bartrès. Seinen Aufenthalt in Bartrès kennzeichnete er durch die Gründung der Bruderschaft vom Allerheiligsten Sakrament und vom Guten Tod. Auch brachte er der Heiligen Jungfrau und ihrem Rosenkranz grosse Verehrung entgegen. Ganz besonders gross war seine Achtung vor dem Zeichen des Kreuzes. Die Einwohner von Bartrès entsannen sich lange der Vorwürfe, die er ihnen im Hinblick darauf machte: ›Ihr macht das Kreuzzeichen ohne Andacht, überstürzt. Man könnte meinen, ihr wollet die Mücken verjagen. Das sind Gebärden, die gar nicht dem Zeichen unserer Erlösung entsprechen. Macht es so wie ich.‹ Und das Beispiel der Empfehlung folgen lassend, vollführte er mit hohem Ernst auf seiner Brust ein majestätisches Kreuzeszeichen. So sprach und lehrte er von der Kanzel, im Religionsunterricht, so verhielt er sich in der Kirche und wenn er an einem Kreuz vorbeikam, mit einem Wort: bei jeder Gelegenheit.«

Wie schön die Dinge ineinander übergehen, der Pfarrer in Bartrès, der so viel Wert auf ein majestätisches Kreuzzeichen legte und die Erscheinung in Massabielle, die Bernadette das schönste Kreuzzeichen überhaupt lehrte. Zeigt das nicht auch uns, wie bedeutsam diese Zeichen sind und wie wichtig es ist, sie genauestens auszuführen?

Mit Pfarrer Ader sprach Jean Barbet auch über Bernadette. »Zu jener Zeit war ich Schulmeister in Bartrès, meinem Heimatort, wo ich meinem Vater im Amt gefolgt war. Eines Tages – es war während der Ferien – bat mich Pfarrer Ader, ihn beim Religionsunterricht zu vertreten, da er sich nicht wohl fühlte. Er wollte nicht, dass die Kinder, wovon einige drei oder vier Kilometer zurückgelegt hatten, auch nur um eine Religionsstunde kamen. Nach dem Unterricht sprachen wir über die Schüler und wir kamen im Laufe des Gesprächs auf Bernadette. Ich sagte ihm: ›Bernadette hat allerhand Mühe, den wörtlichen Text des Katechismus festzuhalten. Sie kann ihn nicht lernen, da sie nicht zu lesen versteht. Aber sie macht alle Anstrengungen, sich den Sinn der Auslegungen anzueignen. Im übrigen ist sie sehr aufmerksam. Sie ist vor allem sehr fromm und sehr bescheiden.‹ ›Sie beurteilen sie wie ich‹, sagte Pfarrer Ader darauf: ›Sie kommt mir wie eine Blume vor, die ganz von einem göttlichen Geruch umgeben ist. Merkwürdigerweise,‹ fuhr er fort, ›versichere ich Ihnen, daß ich oft an die Kinder von LA SALETTE denke, wenn ich sie sehe: Es ist ganz klar, wenn die Jungfrau dem Maximin und der Mélanie erschienen ist, so war es darum, dass sie gut, einfach und fromm waren, so wie unsere Bernadette.‹ (Am 19. September 1846 war die Jungfrau zwei Kindern aus La Salette, in der Nähe von Corps, im Department Isère, erschienen.) Einige Tage darauf ergingen sich der Vikar und ich in einiger Entfernung vom Dorf. Bernadette kam mit ihrer Herde vorbei. Der Herr Pfarrer drehte sich um und sah das Mädchen an: ›Ich weiss nicht, was in mir vorgeht; aber immer, wenn ich Bernadette begegne, so glaube ich die Kinder von LA SALETTE zu sehen.‹« Bernadette hatte den Pfarrer diesmal so ehrfürchtig gegrüßt, daß es ihm auffiel. Jean Barbet fährt fort: »Nicht nur mir allein gegenüber hat Pfarrer Ader seinen Eindruck wiedergegeben und erklärt, dass er Bernadette für prädestiniert halte. Eines Tages, so schreibt uns sein Neffe, war Pfarrer Ader am Fenster seines Speisezimmers und als er Bernadette vorbeikommen sah, rief er seine Haushälterin, die ich kannte, um ihr zu sagen: ›Schaut mal diese Kleine an. Wenn die Jungfrau jemandem erscheint, so wird SIE wohl Kinder aussuchen wie diese hier.‹

Pfarrer Ader verließ Bartrès bereits in den ersten Novembertagen des Jahres 1857, um sich in ein Kloster zurückzuziehen. Er wurde in der Gemeinde nicht sofort ersetzt.« So hatte Bernadette letztendlich nicht länger als sechs bis sieben Monate am Religionsunterricht teilgenommen, nämlich von Mai bis November 1857. Sie blieb jedoch noch bis Anfang des Jahres 1858 in Bartrès. Erst in den ersten Januartagen (André Ravier nennt den 21. Januar) brachte Marie Laguës Bernadette wieder zu ihren Eltern zurück; mit dem Auftrag von Pfarrer Ader, dafür zu sorgen, dass sie regelrechten Religionsunterricht erhielt.

Diesem Auftrag kamen François und Louise nach. Sie brachten Bernadette zu den Schwestern von der Nächstenliebe und christlichen Erziehung von Nevers, die die städtische Mädchenschule, das Bürgerspital und das Militärkrankenhaus leiteten. Sie wurde in die »Armenklasse« aufgenommen und Schwester Marie Géraud anvertraut. Zuhause im »Cachot« verliefen die Tage für Bernadette wieder in dem ihr vertrauten Rhythmus – bis zum 11. Februar 1858, einem Donnerstag, der alles veränderte, indem gerade die Armut der Soubirous und die schwache Gesundheit der frommen Bernadette zum Ausgangspunkt für ein in die Zukunft weisendes göttliches Geschehen werden sollten.

Erste Begegnung
Donnerstag, 11. Februar

Bernadette erzählte Jean B. Estrade: »Es war am Fetten Donnerstag. Draußen war es kalt und trübe. Nachdem wir zu Mittag gegessen hatten, sagte Mutter uns, wir hätten kein Holz mehr im Haus und sie sei darüber betrübt. Meine Schwester Toinette [später Marie genannt] und ich boten uns an, um ihr Freude zu machen, abgefallene Äste am Ufer des Flusses suchen zu gehen. Die Mutter sagte nein, weil das Wetter so schlecht war und wir in den Gave fallen könnten. Jeanne Abadie, unser Nachbarskind und unsere Freundin, die auf ihr Brüderchen achtgab, hatte Lust, mit uns zu gehen. Sie trug den Kleinen nach Hause, kam gleich darauf zurück und sagte, sie habe die Erlaubnis, mit uns zu gehen. Wir mußten unsere Mutter nochmals darum bitten. Weil wir jetzt zu dreien waren, erlaubte sie es uns. Wir machten uns auf den Weg. Zunächst gingen wir auf der Straße zum Friedhof. Dort wurde öfters Holz abgeladen und man fand manchmal viel Abfall. An diesem Tag aber lag nichts da. Wir gingen den Abhang hinunter, der zum Gave führt. Als wir zur alten Brücke kamen, überlegten wir uns, ob wir aufwärts oder abwärts am Gave entlang gehen sollten. Wir entschlossen uns, flußabwärts zu gehen, und folgten dem Waldweg bis zur Merlasse. An der Mühle von Savy erreichten wir die Wiese des Herrn de La Fitte.

Nachdem wir diese überquert hatten, befanden wir uns ungefähr gegenüber der Grotte von Massabielle und wurden durch den Mühlenkanal am Weitergehen gehindert. Da die Mühle stillstand, war die Strömung nicht stark, aber das Wasser war eisig, und ich fürchtete mich, hindurchzugehen. Jeanne Abadie und meine Schwester waren nicht so furchtsam. Sie nahmen ihre Holzschuhe in die Hand und wateten hindurch. Als sie auf der anderen Seite angekommen waren, schrien die beiden Wildfänge vor Kälte und rieben sich die Füße warm. Das machte mich noch ängstlicher, und ich hatte das Gefühl, mein Asthma komme wieder, wenn ich durch das Wasser gehe. Deshalb bat ich Jeanne Abadie, die größer und stärker war als ich, zu kommen und mich auf ihren Schultern hinüberzutragen. ›O nein, was glaubst du wohl‹, erwiderte Jeanne, ›du bist zimperlich und langweilig. Wenn du nicht selbst kommen willst, denn bleibe, wo du bist.‹ Als die beiden einige Holzstücke gesammelt hatten, verschwanden sie am Gave. Sobald ich allein war, warf ich einige Steine ins Wasser, um darüber gehen zu können. Aber das nützte nichts.«

An dieser Stelle übergebe ich die Erzählung Jean Barbet, der uns in seinem lebendigen Schreibstil mit der Erscheinung in die Gegenwart führt, so als wären wir ebenfalls anwesend. »Es blieb Bernadette nun nichts anderes übrig, als allein hinüberzugehen. Sich an einen Felsen haltend [sie stand vor einem weißen Steinblock vor der Grotte], bückte sie sich, um ihre Strümpfe abzustreifen … In diesem Augenblick erhob sich neben ihr ein starker Windstoss. Erschrocken richtete sie sich auf. Es war alles ganz still in der Luft! Kein Zweig rührte sich in den Pappeln, die dem Wildbach entlang stehen … Von dem ungewöhnlichen Geräusch war nichts mehr zu bemerken. Etwas verwundert, aber pressiert, ihre Schwester einzuholen, beugte sich Bernadette von neuem nieder, um ihren zweiten Strumpf abzustreifen. Und da kam der Windstoss wieder, mit grosser Schnelligkeit und brach sich am Felsen … Auch diesmal wieder richtete sich Bernadette beunruhigt auf und ihre Blicke richteten sich auf die Grotte. In der Nische, welche die Wand der Grotte durchbrach, wuchs damals schon ein wunderbarer wilder Rosenstrauch, ein Dornenbusch, wie man hierzulande sagt, und seine Äste fielen bis auf die Erde. Und Bernadette sah, dass sich dieser Rosenstrauch leicht bewegte …

Und plötzlich erstrahlt die Nische und der Rosenstock in hellem Licht. Da, inmitten dieser Helligkeit, unter der bogenförmigen Öffnung des Felsens, erscheint eine junge Frau, strahlend, bewunderungswürdig schön, mit den Füssen auf dem Rosenstrauch stehend und sieht das Kind mit einem freundlichen Lächeln an, grüsst es mit anmutig entgegengestreckten Armen als auch mit dem Haupt, das sich voll Güte niederneigt. Bernadette reibt sich die Augen. Instinktiv greift sie in die Tasche, um ihren Rosenkranz hervorzuholen, und um sich zu schützen, will sie ihre andere Hand zur Stirne führen. Aber ihr Arm fällt kraftlos herunter: Es ist umsonst, dass sie ihn aufzuheben versucht! Eine unerklärliche Unruhe ergreift sie … In diesem Moment greift die Frau selbst mit ihrer Rechten nach dem Kreuz des Rosenkranzes, der um ihr linkes Handgelenk geschlungen ist und den Bernadette in ihrer Bestürzung noch nicht wahrgenommen hatte. Dann vollführt die Erscheinung ein grosses Kreuzzeichen und ihr Lächeln, von einer unaussprechlichen Güte, scheint dem Kind zu bedeuten: ›Mach es wie ich.‹ So vollführt Bernadette die gleiche Gebärde. Ihr Arm, der gerade noch wie gelähmt gewesen war, gehorcht jetzt ohne Schwierigkeiten. Nun beginnt sie ihren Rosenkranz zu beten. Die Frau begleitet die Ave des Mädchens und mit ihr lässt sie die Perlen des Rosenkranzes durch ihre Hände gleiten … […] Eine gute Stunde vergeht so oder auch mehr. Bernadette verharrt immer noch unbeweglich auf den Knien und sieht die geheimnisvolle Frau mit den so freundlichen und schönen Zügen an. Schliesslich gibt ihr die Erscheinung anmutig und mit entzückender Güte ein Zeichen mit dem Finger, näherzukommen. Doch, obwohl diese Aufforderung von einem Lächeln voller Güte und Lieblichkeit begleitet war, wagt sich Bernadette nicht vom Platz … Da streckt die Frau die Arme aus, verneigt sich leicht mit einem Lächeln: Es sieht aus wie ein Abschied. Aus ihrer Ekstase erwachend, sieht Bernadette den nackten Felsen, den winterlich hageren Rosenstrauch; hört und gewahrt ihre Genossinnen, die spielen. Die Nische ist leer …

Da stand sie auf, zog ihren Strumpf vollends herunter und trat ins eisige Wasser, das sie kurz zuvor wegen ihres Asthmas so gefürchtet hatte. Ein Schrei der Überraschung entfuhr ihren Lippen: ›Oh, ihr kleinen Lügnerinnen, die ihr seid! Ihr sagt, das Wasser sei sehr kalt und ich, ich finde es ganz warm!‹ […] Schliesslich, nach einem Augenblick des Schweigens, fragte sie mit geheimnisvoller Miene: ›Habt ihr beide etwas gesehen?‹ ›Nein. Und du, hast du etwas gesehen?‹ Bernadette zögerte. Dann sagte sie ganz verlegen: ›Na, dann ich auch nicht ...‹ [...] und nachdem sie ihr Reisigbündel geschnürt hatten, schickten sie sich an, den Gipfel von Massabielle zu erklimmen, um von dort aus auf den Waldweg zu gelangen.« Bernadette berichtet Jean B. Estrade weiter: »Bevor wir zu Hause ankamen, erzählte ich meiner Schwester Marie die außergewöhnlichen Dinge, die mir an der Grotte begegnet waren, bat sie aber, nicht darüber zu sprechen. Den ganzen Tag über ging mir das Bild der Dame nicht mehr aus dem Sinne. Beim Abendgebet fing ich an zu zittern und zu weinen. ›Was hast du?‹, fragte meine Mutter. Marie schaltete sich ein, und ich war schließlich genötigt zu bekennen, was ich erlebt hatte. ›Das sind Illusionen‹, erklärte meine Mutter. ›Du mußt dir diese Dinge aus dem Kopf schlagen und darfst nicht mehr nach Massabielle gehen.‹ Dann gingen wir schlafen. Aber ich konnte nicht einschlafen. Das gütige und liebreiche Antlitz der Dame stand mir ununterbrochen vor Augen. Obwohl ich mich bemühte, zu tun, was meine Mutter mir befohlen hatte, konnte ich dennoch nicht glauben, daß ich getäuscht worden sei.‹«

Am Freitag und Samstag, dem 12. und 13. Februar, ließ Bernadette immer wieder durchblicken, daß sie zur Grotte zurückkehren müsse. Doch stets gab die Mutter ausweichende Antworten.

Zweite Begegnung
Sonntag, 14. Februar

Am Sonntagvormittag des 14. Februar »hörte Bernadette in ihrem Innern eine Stimme, die sie zwar sanft, aber dennoch eindringlich mahnte, sich an die Grotte von Massabielle zu begeben«, schreibt Jean B. Estrade, während Bernadette in ihrem eigenen Bericht, den sie einige Jahre später niederschrieb, davon spricht, dass sie sich innerlich dazu gedrängt fühlte. Es war das erste Mal, dass sie diesen inneren Impuls wahrnahm, der von nun an ihr innerer Kompass für die Zeit der Begegnungen mit der Erscheinung werden sollte. Da ihre Mutter ihr aber verboten hatte, noch einmal zur Grotte zu gehen, wandte sich Bernadette nach der Heiligen Messe an ihre Schwester Marie und ihre Freundin Jeanne Abadie, um gemeinsam die Mutter nochmals um Erlaubnis zu bitten. Dennoch blieb Louise Soubirous zunächst unnachgiebig, doch als Bernadette ihr versprach, vorsichtig und auf jeden Fall zum Vesperläuten zurück zu sein, willigte sie ein. Daraufhin ging Bernadette in die Pfarrkirche und holte sich eine kleine Flasche mit Weihwasser, um es gegen die Erscheinung zu spritzen, falls sie wiederkommen sollte. Danach machten sie sich gemeinsam auf den Weg zur Grotte. Unterwegs gesellten sich mehrere Mädchen dazu. Von diesem Tag an benutzte Bernadette den klassischen Weg zur Grotte, den ›Chemin de la Forêt‹; das bedeutet, sie ging hinter und über der Grotte entlang und stieg danach den steilen Hang hinab, um die Grotte flussabwärts zu erreichen. Kaum waren die Mädchen dort angekommen, sank Bernadette vor einem einsamen Felsblock auf die Knie nieder, genau gegenüber jenem Strauch, an dem sie die Erscheinung das erste Mal wahrgenommen hatte, holte ihren Rosenkranz hervor und fing an zu beten. Die anderen knieten ebenfalls nieder und beteten mit ihr. Kaum hatte Bernadette das erste Gesätz gebetet, sah sie die Erscheinung wieder, wie Jean Barbet erzählt:

»Einige Minuten vergingen ... ›SIE ist da!‹ ruft Bernadette plötzlich, mit einer Stimme, in der sich Freude und Schrecken mischen ... ›SIE ist da! Seht ihr SIE?‹ Und sie streckt ihren Arm in Richtung der Felsenöffnung aus, indem sie in die Gegend über dem wilden Rosenstrauch deutet. Die Kinder schauen und schauen, angestrengt […] ›Doch, doch! Da ist sie, sie lächelt!‹ Die Stimme Bernadettes ist voll Wärme, ganz weich, und ihr Gesicht blüht geradezu auf: ›Oh, schaut her! Sie grüsst! …‹ ›Wir sehen nichts! Du bist blöd. Es ist ja gar nichts da! …‹ Bernadette hatte die weisse Weihwasserflasche aus der Tasche gezogen und besprengt mit schneller Hand die Erde vor sich mit einigen Tropfen. Diese erreichen die Erscheinung jedoch nicht. Da erhebt sich Bernadette, geht einen Schritt auf den Felsen zu, und indem sie die Flasche lebhaft schwenkt, besprengt sie mehrere Male die Luft mit Weihwasser, das in Tropfen auf die herabhängenden Äste des Rosenbusches fällt. Zur gleichen Zeit ruft sie aus: ›Wenn Sie von Gott kommen, so reden Sie … wenn Sie vom Teufel kommen, so machen Sie, dass Sie fortkommen …‹ Ihre Begleiterinnen hören indessen nichts von diesen Worten und sind sich nicht einmal darüber im Klaren, dass Bernadette spricht … Da lächelt die Erscheinung Bernadette zu, nähert sich ihr, beugt sich ihr entgegen … Und Bernadette ruft den anderen, die sie diesmal hören, zu: ›Wenn ich ihr Weihwasser zusprenge, so erhebt sie die Augen zum Himmel und grüsst mich!‹ Durch das Verhalten der Frau beruhigt, hört sie damit auf, den Strauch mit geweihtem Wasser zu besprühen. Sie verweilt einige Augenblicke mit halb erhobenen Armen und sieht unverwandt auf das Bild … ›Was machst du denn, du Dumme!‹ rufen ihr die Kinder zu. ›Aber seht ihr sie denn nicht?‹ erwidert ihnen Bernadette mit flehentlicher Stimme, voll Bewunderung und Rührung. ›Sie ist doch da. Sie sieht uns an! Sie lächelt! Nun wendet sie den Kopf! Schaut doch ihre Füsse an, ihre Zehen … ihr Gürtel schwebt … Seht her, sie hat den Rosenkranz um ihren Arm geschlungen … oh, sie ist so schön … Sie hat ein kleines Gesicht wie aus Wachs … Soeben nimmt sie ihren Rosenkranz … Sie bekreuzigt sich …‹ Dann schweigt Bernadette, sie kniet nieder, stellt ihre Flasche auf den Boden, schlägt mit dem Kreuz ihres Rosenkranzes ein grosses Kreuzzeichen und *verfällt in Unbeweglichkeit* … Auf den Knien, die Hände gefaltet, den Rosenkranz zwischen den Fingern, den Körper aufgerichtet, als ob sie eine Kraft nach oben zöge, bleich, die Lippen blutleer, die Augen erhoben und starr, verweilt sie, unbeweglich wie eine Statue.« Ergriffen von diesem Anblick lassen die Mädchen Bernadette zunächst, wie sie ist und wagen es nicht, ihren übermenschlichen Frieden zu stören, doch nach einiger Zeit erfüllt sie diese Unbeweglichkeit Bernadettes, ihr starrer Blick und die Durchsichtigkeit ihres Gesichts mit Schrecken und eines der Mädchen läuft davon, um Hilfe aus der Mühle zu holen. »Schliesslich kommt Nicolau an, umschlingt sie mit seinen Armen, hebt sie auf, um sie bis zur Mühle zu schleppen … Ihr ganzes Leben lang werden sich der Müller und seine Familie der Schönheit des Kindes in diesem Augenblick erinnern, der weissen Wangen, des Lichtes seiner Augen und dieses feinen Gesichts, das wie aus kostbarem Wachs schien … und werden sich des Lächelns, eines strahlenden Lächelns entsinnen, das durch die schimmernden Tränen, die ihr die Wangen herunterliefen, durchglänzte. […] Die Mutter Soubirous kommt angestürzt … und die Erscheinung Bernadettes verschwindet. Sogleich kam Bernadette ›zu sich zurück‹ und sah aus wie sonst. Freundlich und geduldig, ohne ein Wort zu sagen, hörte sie sich das Geschimpfe und den Unmut ihrer Mutter an.«

Schließlich brachen Mutter und Tochter auf und machten sich auf den Heimweg. Inzwischen wusste bereits die ganze Stadt von den merkwürdigen Dingen, die an der Grotte geschahen.

Bernadettes innere Stimme

Bedeutsam bei dieser zweiten Erscheinung ist es, dass Bernadette selbst davon spricht, dass sie sich innerlich gedrängt fühlte, an diesem Tag zur Grotte zu gehen. Jean Barbet spricht von einer höheren Macht in ihr. »Von der Vision sprach sie nur sehr wenig, selbst zu ihren Eltern, die sie übrigens auch nicht ausfragten. Doch plötzlich bemächtigte der Gedanke an die Erscheinung sich ihrer wieder und nahm sie ganz gefangen. In solchen Augenblicken rief eine höhere Macht in ihr den Wunsch wach, SIE wiederzusehen. Es war ein unwiderstehlicher Wunsch. Sie MUSSTE zur Grotte hinunter, denn in dieser Sekunde fühlte sie, dass die hohe Frau auch da sein würde.« Und als die Erscheinung am 22. Februar nicht gekommen war, beschränkte sich »Bernadette darauf, zu ihrer Verteidigung auf die schlimmsten Drohungen zu erwidern: ›Ich kann es Ihnen nicht versprechen, dass ich nicht wieder zur Grotte zurückkehre. Etwas sagt in mir, dass ich dorthin muss … Eine innerliche Kraft drängt mich dazu. Ich muss meiner Eingebung folgen.‹«

Ebenso fanden die Gespräche, die Bernadette mit der Erscheinung führte, in ihrem Innern statt. Sie empfand das als ganz natürlich, wie sie Jean B. Estrade auf seine Frage, ob sie sicher sei, dass nur sie die Erscheinung allein gehört habe, antwortete: »›Oh, ich bin ganz sicher, daß ich sie allein gehört habe. Das alles ist ja nicht so gewesen, wie wir jetzt miteinander sprechen.‹ ›Was willst du damit sagen?‹ ›Als die Gottesmutter mir diese Geheimnisse anvertraute, sprach sie hier (und damit zeigte sie mit dem Finger auf ihr Herz) und nicht durch die Ohren.‹ […] Still lächelte Bernadette vor sich hin, ohne ein weiteres Wort zu sagen.« Sie vernahm also die göttliche Stimme der Heiligen Jungfrau in ihrem Herzen, womit jedoch nicht das Organ gemeint ist, sondern unser

Herzensraum, dessen Zentrum sich in der Mitte unserer Brust befindet, annähernd an der Stelle, wo auf den Herz-Jesu-Bildern das Herz Jesu erstrahlt. Da der Heilige Geist in die Tiefe unserer Seele, in unser Herzzentrum eingezogen ist, hören wir hier die göttliche Stimme zu uns sprechen, wenn wir wie Bernadette dafür offen sind. Und je reiner unser Herz ist, umso klarer ist die göttliche Stimme in unserer Brust zu vernehmen. Deshalb ist im Christentum das Herz unser Zentrum. Es ist deshalb auch der einzige Ort in uns, der niemals manipuliert werden kann. Unser Herzzentrum ist sowohl der Sitz unseres Gewissens – von Bernadette als »Mahnung« am 22. März erlebt –, als auch der Sitz der göttlichen Stimme in uns, die sich nonverbal als Impuls, als ein »Drängen« zu erkennen gibt, oder sich verbal in Worten äußert. Beide Arten hat Bernadette kennengelernt: Die nonverbale offenbarte sich als Aufforderung, sich an die Grotte zu begeben oder auch als Impuls bei den Erscheinungen und die verbale durch Worte, die sie empfing und durch Worte, die aus ihrem eigenen Herzen direkt zur Heiligen Jungfrau strömten – als ein Gespräch sozusagen von Herz zu Herz im wahrsten Sinne des Wortes. Dabei fällt auf, dass diese direkte Kommunikation einzig und allein an der Grotte stattfand. Es war der Ort der direkten Begegnung, so wie auch wir uns an einem besonderen Ort treffen, wenn wir »von Herz zu Herz« miteinander sprechen wollen.

Die Tatsache, dass Menschen göttliche Botschaften in ihren Herzen empfangen können, ist auch innerhalb der Theologie bekannt und gehört in den Bereich der »Mystischen Theologie«. Zur Beurteilung dessen, was auch als »innere Einsprechung« bezeichnet wird, gibt es bestimmte theologische Kriterien. Entsprechende Erklärungen habe ich in dem Buch »An die Priester, die vielgeliebten Söhne der Muttergottes« der Marianischen Priesterbewegung gefunden, da Don Stefano Gobbi, der diese Bewegung im Auftrag der Muttergottes gegründet hat, ihre im Buch niedergeschriebenen Botschaften als innere Einsprechungen erhalten hat. In seinem geistlichen Testament schreibt Don Gobbi: »Als mein geistliches Testament hinterlasse ich all das, was im Buch ›An die Priester, die vielgeliebten Söhne der Muttergottes‹ geschrieben steht und bezeuge, dass die darin enthaltenen Botschaften in Form von inneren Einsprechungen von mir empfangen wurden.« Und auf Fragen bezüglich des Empfangs der Botschaften hat er immer klar geantwortet: »Ich höre die Worte in meinem Herzen« und sich bisweilen mit dem »Esel des Biliam« verglichen. Mir selber war es vergönnt, Don Gobbi bei seiner letzten Reise nach Deutschland nach einer Heiligen Messe in Altötting persönlich fragen zu können, wo er die Stimme der Muttergottes hört, und wie selbstverständlich zeigte er auf die Mitte seiner Brust und sagte einfach nur: »Hier«, so ähnlich wie Bernadette zu Jean B. Estrade.

Aufgrund dieser gnadenvollen Begegnung freue ich mich umso mehr, Ihnen nun ein paar wertvolle Gedanken über die mystische Theologie aus der Einleitung des genannten Buches wiedergeben zu können. Dort heißt es zunächst: »Es wird hiermit erklärt, daß die in diesem Buch enhaltenen Botschaften nicht als direkt von der Muttergottes gesprochene Worte verstanden werden sollen, sondern als in Form innerer Einsprechungen von Don Gobbi empfangene Worte.«

Weiter heißt es: »Leider ist die mystische Theologie so wenig bekannt: Manche Phänomene werden entweder unterschätzt, ja sogar voreingenommen als lächerlich bezeichnet, oder sie werden überschätzt und fast gleichwertig mit der offiziellen Offenbarung betrachtet. [...] ›Was ist eine »innere Einsprechung?‹ Vor allem muss klargestellt werden, daß sie weder seltsam noch sensationell ist, sondern ein mystisches Phänomen im Leben der Kirche ist und in den Handbüchern spiritueller Theologie beschrieben wird. Es ist kein In-Verbindung-Treten mit Jesus, der Muttergottes oder den Heiligen über die Sinne, wie es bei den authentischen Erscheinungen geschieht. [Bei Bernadette gehörten innere Einsprechungen und authentische Erscheinungen zusammen.] Bei den inneren Einsprechungen sieht man nicht mit den Augen, hört man nicht mit den Ohren, berührt man nichts. Es ist auch nicht nur jene gute Eingebung, jenes Licht, das der heilige Geist auf ›gewöhnliche‹ Weise in das Herz und in den Geist desjenigen senkt, der betet und aus dem Glauben lebt. So weit es sich um ein authentisches Phänomen handelt, ist die innere Einsprechung das Geschenk Gottes von all dem, was er uns mitteilen und zu vollbringen helfen will – er hüllt sich dabei in die menschliche Denk- und Ausdrucksweise –, nach dem Stil und der Schriftform des Empfängers der Botschaft. Der Mensch wird somit Werkzeug der Mitteilung, obwohl er seine Freiheit vollauf behält, die sich in einem Akt des Eingehens auf das Wirken des Geistes Gottes äußert. Während er das Wort des Herrn empfängt, bleibt sein Verstand gleichsam untätig: das heißt, er braucht weder die Gedanken zu suchen noch die Art, wie er sie ausdrücken soll, wie es z. B. derjenige, der einen Brief schreibt oder einen wichtigen Vortrag vorbereitet, tun muß. Der hl. Johannes vom Kreuz nennt Einsprechungen oder übernatürliche Worte jene deutlichen Worte, die der Geist nicht aus sich empfängt, sondern von einer anderen Person, bisweilen in gesammeltem Zustand, bisweilen auch sonst. [...] Wir können die inneren Einsprechungen also folgendermaßen definieren: ›Es sind sehr deutliche Worte, die von der Person, die sie empfängt, so wahrgenommen werden, als würden sie im eigenen Herzen entstehen und die – miteinander verbunden – eine Botschaft bilden.‹ Der Ruf des Himmels ist fast immer unerwartet. Unser Herr, oder die Muttergottes, die Engel oder die Heiligen bestimmen allein den Augenblick und den Inhalt der Botschaft.«

Jakob Lorber, der zwar kein katholischer Autor ist, aber dennoch viele Botschaften vom Jesuskind empfing und sich als Schreibknecht Gottes ansah, schreibt 1858 [!] an einen Freund: »Bezüglich des inneren Wortes, wie man dasselbe vernimmt, kann ich von mir selbst nicht viel mehr sagen, als daß ich des Herren heiligstes Wort stets in der Gegend des Herzens wie einen höchst klaren Gedanken, licht und rein, wie ausgesprochene Worte, vernehme. Niemand, mir noch so nahe stehend, kann jedoch etwas von irgendeiner Stimme vernehmen. Für mich klingt diese Gnadenstimme aber dennoch heller als jeder noch so laute materielle Ton.«

Diese Schilderung Jakob Lorbers lässt uns erahnen, wie auch nur Bernadette allein die Stimme der Erscheinung, die sie als fein und freundlich bezeichnete, gehört haben mag, so dass sie ausrufen konnte: »*Wie? … Ihr habt SIE nicht gehört? SIE hat doch so laut gesprochen!*« Das schreibt Jean Barbet und er berichtet auch, wie Bernadette ebenfalls aus ihrem Herzen heraus mit der Erscheinung sprach: »Während bestimmter Augenblicke erscheint Bernadette noch stärker von der Erscheinung angezogen. Es ist, als ob sie IHR zuhörte. Sie antwortet IHR manchmal, doch niemand hört sie sprechen. Eines Tages spricht jemand seine Verwunderung darüber aus, und da fragt Bernadette ganz überrascht: ›Wie ist das möglich? Sie haben mich nicht gehört? Ich habe so laut gesprochen!‹« *Madame Poueyto* stand bei der fünften Erscheinung nur zwei Meter von Bernadette entfernt und konnte alles genau sehen, wie sie es Ernest Guynot erzählte: »Sie hörte auf zu beten, sie sprach mit der Dame. Ihre Lippen bewegten sich, doch man hörte keinen Laut, weder von ihr noch von der Dame. Dies dauerte eine gute Viertelstunde.«

Dritte Begegnung
Donnerstag, 18. Februar

Am darauffolgenden Mittwoch, dem 17. Februar, erschienen Madame Millet, eine Nachbarin und Antoinette Peyret, die der Kongregation der Töchter Mariens angehörte, bei Louise Soubirous, um ihre Erlaubnis einzuholen, Bernadette beim nächsten Mal zur Grotte begleiten zu dürfen. Zunächst zögerte die Mutter, Bernadette wieder zur Grotte gehen zu lassen, doch als die beiden Damen sich bereit erklärten, ihre Tochter als Beschützerinnen an die Grotte zu begleiten, willigte sie schließlich ein. Man verabredete sich für den nächsten Morgen, um möglichst wenig Aufsehen zu erregen.

Mutter Soubirous weckte Bernadette zur Frühmesse und die beiden Damen holten sie ab. Antoinette Peyret hatte Papier, Feder und Tinte mitgenommen, um aufschreiben zu lassen, wer diese Dame sei und was sie wolle. Madame Millet nahm eine geweihte Kerze mit, die sie Bernadette gab. Gemeinsam gingen sie los. Als sie auf der Höhe von Massabielle angekommen waren, begann Bernadette den Abstieg mit einer Flinkheit, dass die beiden Damen ganz außer Atem gerieten und erst einige Minuten später vor der Grotte eintrafen. Bernadette kniete bereits auf dem flachen Stein gegenüber der Nische und betete den Rosenkranz. Jean B. Estrade schreibt: »Nachdem sie die geweihte Kerze angezündet hatten, begannen auch die beiden Frauen mit dem Rosenkranz. Alle drei knieten und beteten leise für sich. Schon nach kurzer Zeit stieß Bernadette einen Freudenschrei aus: ›Sie kommt! … Sie ist da! …‹ Bernadette zitterte vor Freude und neigte ihren Kopf bis auf die Erde. […] Bernadette fuhr in ihrem Gebet fort und stand in inniger Verbindung mit der Erscheinung. Bald betete sie, bald lächelte sie. Die Seherin machte einen frohen, tief ergriffenen Eindruck, aber es waren an diesem Tage keinerlei äußere Zeichen einer Ekstase an ihr festzustellen. Die Dame sprach zu ihr. Sie wollte offensichtlich, daß das Kind ihre Stimme bei vollem Bewußtsein wahrnehme. Als der Rosenkranz zu Ende war, griff Fräulein Peyret nach Papier und Feder, reichte sie Bernadette und sagte: ›Frage die Dame bitte, ob sie uns etwas mitzuteilen habe und wünscht, daß wir es niederschreiben.‹ Die Seherin stand daraufhin auf und ging drei oder vier Schritte näher zur Grotte. Die Frauen folgten ihr. Bernadette aber, die sich nicht umwandte, gab ihnen ein Zeichen, zurückzubleiben. An dem Strauch angekommen, stellte sich Bernadette auf die Zehen und hielt der Erscheinung Papier und Feder entgegen. In dieser Haltung verharrte sie einige Minuten, schaute nach der Öffnung der Grotte, und es schien, als vernehme sie von dort her Worte. Dann ließ sie die Arme sinken, machte eine tiefe Verneigung und kehrte wieder auf ihren ursprünglichen Platz zurück.« Ängstlich besorgt, näherte sich Antoinette Peyret Bernadette und fragte, was die Dame gesagt habe. Jean Barbet berichtet: »Oh, sie hat gelächelt und dann zu mir gesagt: ›Was ich euch zu sagen habe, braucht nicht schriftlich niedergelegt zu werden. Tut mir den Gefallen, während vierzehn Tagen hierher zu kommen.‹ [Französisch: « Voulez-vous me faire la grâce de venir ici pendant quinze jours? »] ›Ich habe es versprochen und Sie hat hinzugefügt: ›Ich verspreche euch, euch glücklich zu machen, nicht in dieser Welt, aber in der anderen.‹ [« Je ne vous promets pas de vous rendre heureuse en ce monde mais dans l'autre. »] Dass die Erscheinung sie in der im Französischen üblichen Höflichkeitsform angeredet hat, fiel Bernadette in diesem Moment nicht auf. Erst in einem späteren Gespräch, als sie diese Sätze im bigorrischen Dialekt Jean B. Estrade wiederholte, bemerkte sie plötzlich: »Die Allerseligste Jungfrau hat ›*Sie*‹ zu mir gesagt.‹«

Nun sprach man in Lourdes von nichts anderem mehr als von Bernadette. Den ganzen Tag über kamen Menschen ins Haus der Soubirous und wollten alles darüber wissen, was an der Grotte geschehen war. Freimütig gab Bernadette über alles Auskunft und erzählte, dass die Erscheinung ihr das Versprechen abgenommen habe, während der nächsten vierzehn Tage wieder zur Grotte zu kommen. Viele Besucher entschlossen sich sogleich, vom nächsten Tag an mitzugehen. Als Bernadettes Eltern miterlebten, wie treuherzig und offen Bernadette von dem Glanz und der Herrlichkeit derer, die sie gesehen hatte, berichtete, zweifelten sie nicht mehr daran, dass ihre Tochter etwas Außergewöhnliches gesehen hatte. Und sie erlaubten Bernadette wieder zur Grotte zu gehen; doch von nun an sollte sie von ihrer Verwandtschaft begleitet werden. Meistens ging ihre Mutter mit, ihre Tanten Bernarde, Basile und Lucile wechselten sich ab.

André Ravier schreibt, dass in den unterschiedlichen Textfassungen die von Bernadettes Aussagen über die folgenden vierzehn Tage erhalten sind, die verschiedenen Elemente der Botschaft, der Worte und Gesten sich nicht in der gleichen Reihenfolge darstellen: »Daraus ergibt sich die große Schwierigkeit – um nicht zu sagen manchmal schiere Unmöglichkeit –, viele Teile dieser Botschaften einem bestimmten Datum zuzuordnen. Dies um so mehr, weil, laut ausdrücklicher Bezeugung durch Bernadette selbst, bestimmte dieser Worte Aquerò [mit diesem Namen bezeichnete Bernadette die Erscheinung bis zum 25. März] ihr ›mehrere Male‹ gesagt worden sind. So kommt es, daß die Historiker bei der Rekonstruktion der Ereignisse voneinander abweichen.« Auch bei Jean Barbet und Jean B. Estrade gibt es geringe zeitliche Abweichungen, zum Beispiel bei dem Thema »Buße«. Bernadette selbst hat aus den vierzehn Tagen vor allem die Worte behalten, die einen Auftrag enthielten. Am 22. Februar und am 26. Februar gab es keine Begegnungen.

Vierte Begegnung
Freitag, 19. Februar

An nächsten Morgen nach der Frühmesse ging Bernadette wieder zur Grotte. An diesem Tag wurde sie von ihrer Mutter und Tante Bernarde begleitet. Viele andere Frauen waren ihnen schon vorausgegangen und warteten bereits dort. Als sie ankamen, kniete Bernadette sich nieder, machte das Kreuzzeichen und begann den Rosenkranz zu beten. Alle Frauen vereinigten sich mit ihr im Gebet. Jean B. Estrade schreibt: »Schon einen Augenblick später war sie dieser Welt entrückt und ihre Seele ganz in Beschauung versunken. Auf ihrem Gesicht lag ein leuchtendes Lächeln, ihr ganzes Wesen spiegelte etwas Übernatürliches wider. Mutter und Tante hatten ja bereits aus dem Munde anderer gehört, wie Bernadette an der Grotte verwandelt sei. Was sie aber mit eigenen Augen schauten, übertraf bei weitem das, was man ihnen berichtet hatte. Sie waren tief ergriffen und erschüttert. […] Schließlich kam Bernadette wieder zu sich, rieb sich die Augen, wie jemand, der soeben etwas unsagbar Schönes erlebt hat. Überglücklich lief sie ihrer Mutter und der Tante entgegen, die sie in ihre Arme schlossen. Mutter, Tochter und Tante gingen mitten durch die anwesenden Frauen den Pfad hinauf, der über Massabielle hinwegführt. Auf dem Heimweg erzählte Bernadette, daß die Dame sich gefreut habe, weil sie zurückgekommen sei. Sie habe ihr auch gesagt, später werde sie ihr noch Offenbarungen machen.«

Fünfte Begegnung
Samstag, 20. Februar

»Vom Morgengrauen an waren die Zugänge zur Grotte von mehreren hundert Personen jeden Alters und aller

Klassen besetzt«, berichtet Jean Barbet. »Bernadette kam. Sie zündete eine geweihte Kerze an und begann den Rosenkranz zu beten. Da hat sie das Gesicht von neuem … Und die Menge staunt über die aussergewöhnliche Schönheit des Kindes in diesem Augenblick und ihre unsagbare Vertiefung. Aber hören wir dazu lieber den Bericht eines Zeugen dieses Tages: ›Trunken von dem Glanz, der um die Frauengestalt strahlte, genoss sie die Beglückung der Ekstase. Ihre leuchtende Stirn neigte sich, ihre Lippen öffneten sich lächelnd, ihre rechte Hand vollführte das Zeichen des Kreuzes. Von dieser Offenbarung einer übermenschlichen Zuneigung und Majestät fühlte sich Bernadette von einer unfasslichen, unsäglichen Freude durchdrungen. Von der Vision vollkommen in Anspruch genommen und jedem anderen Einfluss unzugänglich, versuchte sie auf die gnädigen Zeichen mit der die Unbekannte sie überschüttete, zu erwidern. So sah man auch, wie sie selbst lächelte und sich verbeugte und wie sie durch die anmutigsten und edelsten Gebärden ihre Ehrfurcht, ihr unbeschränktes Vertrauen, ihre Liebe und ihr ganzes Glück ausdrückte.‹ Die Zeugen dieses Morgens verliessen Massabielle voll Staunen, in Gespräch und Gang sichtlich ergriffen, und beeilten sich, ihre Eindrücke der mehr oder minder verwunderten Bevölkerung mitzuteilen: In den Läden, auf der Strasse, in den Häusern, überall hörte man nur mehr einen Namen: Bernadette …«

»Nach der Ekstase«, schreibt Jean B. Estrade »wurde Bernadette über ihre Unterredung mit der Dame befragt und antwortete, diese habe die große Güte gehabt, sie Wort für Wort ein für sie ganz besonders bestimmtes Gebet zu lehren. Als man in sie drang, dieses Gebet zu wiederholen, antwortete sie, sie glaube sich dazu nicht berechtigt, da es nur ihre eigenen seelischen Belange betreffe.« Von nun an sagte Bernadette dieses

Gebet bei jeder Vision im Stillen auf, und auch die eindringlichsten Bitten konnten sie nicht dazu bewegen, es jemals einer Menschenseele preiszugeben.

Bernadettes Ekstase

»Vor der Felsnische mit dem Rosenstrauch angekommen, kniete sich Bernadette immer auf dem gleichen Fleck nieder. Es war dies vor dem vereinzelt stehenden Fels, auf einem flachen Stein, der im Sand steckte. Trotz der dichten Menge blieb diese Stelle immer frei, […] Auf dem Stein kniend, ruhig und gelöst, die Augen auf die Aushöhlung des Felsens gerichtet, beginnt Bernadette die Ave Maria ihres Rosenkranzes zu beten. Plötzlich durchläuft sie ein leichtes Zittern und ihre beiden Hände heben sich mit einer raschen und anmutigen Bewegung. Alles in und an ihr scheint sich zu verschönern: Ihre Haltung und ihre Gesichtszüge – ihr Aussehen ist verklärt – und alles, was ihr ›Ich‹ ausmacht, drängt einem immateriellen, unsichtbaren Wesen entgegen. In der Menge erhebt sich ein Geflüster: ›Jetzt sieht sie SIE! Sie sieht SIE!‹ …

Bernadette grüsst die Erscheinung. Ihre Gebärde ist gelöst und freundlich, ihre Verneigungen voll eines beglückenden Zaubers. Alles spricht von einer tiefen Verehrung. Ihr Gesicht ist zu einem zarten Lächeln erblüht, verhalten, aber unendlich glücklich und heiter. Sie verbeugt sich wieder und wieder, und man hat den Eindruck, dass sie auf geheimnisvolle Grüsse antwortet, die sie mit Entzücken erfüllen. Dann bekreuzigt sie sich, den Blick immer noch auf die gleiche Stelle geheftet, mit dem Kruzifix ihres Rosenkranzes über die ganze Brust. Dieses Kreuzzeichen enthält so viel Glauben und Anmut, ist so edel und schön, dass wohl nur die Heiligen im Himmel es ihr gleichtun können …

Manchmal hält sie in der linken Hand eine brennende Kerze, während sie mit der Rechten die Perlenschnur des Rosenkranzes durch die Finger gleiten lässt. Ein ander Mal, wenn sie keine Kerze mitgebracht hat, faltet sie ihre Hände, und mittels ihres Daumens lässt sie die Perlen des Rosenkranzes über ihre verkreuzten Finger rollen.

Unbeweglich, und wie von einer sanften Kraft angezogen, ist sie von wirklicher Schönheit. Es ist nicht die lebhafte Schönheit aus rosiger Frische, die uns sonst in einem Kindergesicht begeistert, sondern eine edle und übernatürliche Schönheit. Ihre Wangen sind ganz blass geworden, aber dieser feine Ton scheint wie von Licht durchtränkt. Es ist die Farbe weissen Marmors. Die Haut über den Wangenknochen und die Lippen sind leicht gerötet. Ihre weitgeöffneten Augen schauen gerade aus und himmelwärts. Sie scheinen sich vor Glanz und Trunkenheit zu erschöpfen, während auch nicht die geringste Bewegung ihre Augenlider zum Erzittern bringt. Es kommt vor, dass sich ihre Lippen leicht bewegen, doch meist bleiben sie geschlossen. Über ihrem Gesicht liegt ein Schimmer von Freude, hervorgerufen durch ein kaum merkliches Lächeln, ein Lächeln von einem unbeschreiblichen Zauber. Es ist ein Lächeln, aus dem man eine unendliche Verehrung und Bewunderung, verbunden mit einer eben solchen Liebe liest: es ist der Widerschein der Gegenwart eines höheren und sehr gütigen Wesens.

Es kommt vor, dass sich zwei Tränen von ihren stets unbeweglichen Lidern lösen, die wie Tautropfen auf einem glatten Blatt herniederrollen, ohne das Gesicht zu benetzen und wie kristallisiert auf den bleichen Wangen verweilen. Es scheint fast, dass Bernadette, deren Knie wie festgenagelt scheinen am kalten Fels, vom Himmel angezogen werde, um sich von der Erde zu lösen. Von einer unbekannten Freude beglückt, gilt ihr die Welt nichts mehr: Das ist es, was in diesem Augenblick die anderen, die sie beobachten, von ihr fühlen. ›Sie schien nicht mehr von dieser Welt‹, sagte man von ihr. Oder man verglich sie mit der Heiligen Theresia im Gebet und stellte fest: ›Es ist ihr Blick, ihr Gesicht, ihre Haltung: Das ist Bernadette, besser wie alle Worte es beschreiben könnten …‹ ›Sie sieht‹, raunt es um sie her, ganz leise, um sie nicht zu stören. ›Oh ja, sie sieht, sie sieht!‹ […]

Ihr ganzes Wesen gehört der Erscheinung, was auch immer um sie herum vor sich geht, kann ihren Blick, ihre Aufmerksamkeit nicht von IHR ablenken. *Dieser übermenschliche Zustand, der sie ihrer selbst enthebt, dauert jedes Mal mindestens eine Stunde an.* […] In ihrer Nähe schützen Mutter und Tanten sie ängstlich gegen das Anbranden der Massen: Doch von all den Geräuschen und Bewegungen, die sie umgeben, weiss Bernadette nichts, sieht nichts, hört nichts. […] Wieder einmal ist es soweit, dass sich Bernadette nach der langen Ekstase, die aus Lächeln, Freudentränen und geheimnisvollen Zwiegesprächen besteht, die allen Ohren entgehen, immer noch kniend, mehrere Male verbeugt, ehrfürchtig grüsst. Ihr entrücktes Gesicht drückt nun einen packenden Abschiedsschmerz aus, ein Zeichen grosser Ermüdung. Die merkwürdig schöne Blässe ist verschwunden und auf ihren Wangen erscheint langsam wieder die gewöhnliche Färbung ihrer Haut. […] ›Aber sag´ mal, Bernadette,‹ fragte sie eines Tages jemand, ›wer hat dich denn diese schönen Begrüssungen gelehrt?‹ ›Niemand …‹ erwiderte sie erstaunt, ›ich weiss nicht, wie ich gegrüsst habe. Dagegen glaube ich zu verstehen, dass ich es so machen muss wie die Erscheinung, und SIE ist es, die mich so grüsst, wenn SIE Abschied nimmt …‹« Das alles schreibt Jean Barbet und berichtet an anderer Stelle:

»Es war eine wahre Meeresflut von Menschen, die immer höher und höher an den Felsen der Grotte brandete. Das ging soweit, dass sich eine ungeschickte Hand am Rosenstrauch festhielt, der dadurch in Bewegung geriet, als Bernadette sich in Ekstase befand. ›Wer hat den Rosenstrauch geschüttelt?‹, rief Bernadette, deren Augen plötzlich voller Tränen waren. Gleichzeitig lief sie auf den Busch zu, die Hand wie zum Schutze gegen ihn ausgestreckt und ängstliche Blicke auf die Nische werfend … Als der Strauch wieder stillstand, hellte sich Bernadettes Gesicht auf und das ekstatische Lächeln erschien wieder. Später kam die Person, welche aus Versehen die Zweige des Rosenstrauches berührt hatte, um sich bei Bernadette zu entschuldigen. ›Oh! Sie haben mir recht weh getan. Als ich den Rosenstrauch schwanken sah, hatte ich Angst, dass die FRAU fallen könnte … SIE hatte IHRE Füsse daraufgesetzt und SIE gab mir ein Zeichen, dass man den Strauch in Ruhe lassen solle.‹«

So wenig Bernadette während der Ekstase auch von dem mitbekam, was um sie herum geschah, so war sie dennoch in der Lage, sich den Menschen in ihrer Umgebung zuzuwenden, ohne dass dadurch das Gespräch mit Aquerò unterbrochen wurde. Alles geschah ganz natürlich, als gäbe es keinen Unterschied.

Ekstatische Zustände sind vor allem bekannt in der christlichen Mystik, wobei der Mystiker auf unterschiedliche Weise anstrebt, sein gewöhnliches Ich-Bewusstsein auszuschalten, um sich in einen Zustand hineinzuleben, wo Selbstvergessenheit auftritt. Es ist der Weg einer inneren Berufung; wobei zunächst die Seelenerlebnisse des Gehirns und des Herzens erhalten bleiben. Doch es gibt auch Mystiker, die nur noch die Erlebnisse und Vorstellungen des Herzens gebrauchen, also einzig und allein aus ihrem Herzen heraus leben. Ein großartiges Beispiel dafür ist Franz von Asssi, dessen Herz sich über sein ganzes menschliches Wesen hinaus ausgebreitet hat. Ein ähnliches Verhalten zeigte Bernadette, wenn sie, ganz in einem ekstatischen Zustand verweilend, aus ihrer Unbeweglichkeit der inneren Kommunikation mit Aquerò von ihr aufgefordert wurde, mit den Menschen um sie herum auf irgendeine Weise in Verbindung zu treten. Jeder der Anwesenden konnte dabei sehen und hören, dass alles, was sie in diesen Momenten tat, nur aus ihrem Herzen kam und einzig und allein aus dem Bestreben heraus, den Auftrag Aqueròs zu erfüllen, den sie in ihrem Herzen vernahm. Niemals hinterfragte sie, was ihr aufgetragen wurde, was sie tat oder das, was sie sagte. Es war allein ihr Herz, das sie führte. Und ihr Herz war so rein, dass sie Aquerò nicht nur hören, sondern auch sehen konnte, sogar während sie sich ganz natürlich verhielt, wie es bereits während der zweiten Erscheinung deutlich wurde. So, wie es Christus verkündet hat: »Selig, die ein reines Herz haben, denn sie werden Gott schauen.« (Mt 5,8) Bernadettes reines Herz betonte 2012 auch Benedikt XVI., der am 16. April, dem Todestag Bernadettes geboren wurde, was er als göttlichen Wegweiser betrachtete, und am 11. Februar 2013, dem Tag der ersten Erscheinung in Massabielle, seinen Rücktritt erklärte: »[…] Aber gerade dieses einfache Kind, das in seinem Herzen rein und lauter geblieben war, hatte das sehende Herz, war fähig, die Mutter des Herrn zu sehen und in ihr den Abglanz der Schönheit und Güte Gottes. […] Sie konnte sehen mit dem reinen, unverbildeten Herzen.«

Doch Bernadette konnte Aquerò nicht nur sehen und hören, sondern sich mit ihr auch ganz natürlich unterhalten, während sie der Welt entrückt war. Diesen ekstatischen Zustand, der ihr Bewusstsein in einer übermenschlichen Sammlung auf die Schönheit der Erscheinung richtete, konnte sie aber, und das möchte ich betonen, nicht eigenmächtig herbeiführen, sondern er »geschah ihr« ohne dass sie einen Übergang bemerkte. Es war Bernadette also nicht bewusst, dass sie sich in einem anderen Bewusstseinszustand befand, denn sie konnte mit Aquerò ein Gespräch führen wie mit jedem anderen Menschen auch. Das wird aus den Äußerungen Bernadettes gegenüber dem Polizeikommisssar Jacomet deutlich. »Die Dame ist ganz natürlich, sie bewegt sich, sie kommt näher, sie spricht mit mir, sie grüßt alle Leute, und sie lacht sogar. Oja, sie kann sogar lachen.« Für Bernadette war Aquerò wirklich, lebendig und ganz menschlich da. »Sie spricht wie wir«, sagte sie stets und »sie schaut mich an wie ein Mensch, der mit einem anderen Menschen spricht«. Deshalb konnte sie auch mit einer Klarheit und Genauigkeit von ihr sprechen, so dass jeder, der ihr zuhörte, unwillkürlich an die Erscheinung glauben musste. Und da sie Aquerò sehr menschlich erlebte, fiel es ihr auch leicht, sie den Menschen auf einfache Weise nahezubringen. Als sie zum Beispiel einmal nicht gekommen war, erklärte Bernadette ganz einfach, dass sie bestimmt verhindert worden sei.

Diesen Zustand der Ekstase, in dem Bernadette sich während der Erscheinungen befand, kann man in gewisser Weise mit der Art von Träumen vergleichen, in denen Menschen überzeugend realistische Visionen von Engeln, lieben Verstorbenen, Jesus oder Mutter Maria haben, die ihnen Botschaften übermitteln, mit denen sie sich aber auch unterhalten können. Diese realistischen Besuche im Traum nennt man in der Fachsprache »Traumvisitationen«. In ihrem Buch »Maria, Königin der Engel« gibt Doreen Virtue Berichte von Menschen wieder, denen die Muttergottes in einem solchen Traum erschienen ist. Dazu schreibt sie: »Sie erinnern sich auch Jahre später noch deutlich an diese Träume. In einer Untersuchung hat der Psychiater und Forscher Dr. Ian Stevenson den Unterschied zwischen echten Visitationen und bloßen Träumen eindeutig festgestellt. Dr. Stevenson fand heraus, dass echte Visitationen von starken Emotionen sowie einem mehr-als-realen Gefühl und intensiven Farben begleitet sind. Personen, die echte Visitationen hatten, sagten überdies, dass die Erfahrung so unvergesslich war, dass sie sich auch Jahre später noch an alle Einzelheiten erinnern konnten.«

Diese exakten Erinnerungen finden wir auch bei Bernadette, was auch Professor Alphons Läpple betont: »Es verdient aber festgehalten zu werden, daß Bernadette im Laufe der über viele Jahre verstreuten Verhöre ihren Bericht stets in der ursprünglichen Fassung wiedergegeben hat.« Auch die anderen Untersuchungsergebnisse von Dr. Stevenson finden wir bei Bernadette wieder. Sie zeigte starke Emotionen, es war alles überaus echt für sie und sie berichtete bei der Beschreibung des Gewandes, das Aquerò trug, von intensiven, außerordentlich schönen Farben, die es auf dieser Erde gar nicht gibt. Außerdem war es nach Ende der Ekstase stets so, als wenn sie »aus einem Traum aufwachte«, mit anderen Worten, sie kam wieder zu Sinnen und wurde wieder sie selbst, also »wach«. Die Tatsache, dass es überhaupt möglich war, Bernadette so leicht im realen Leben auf eine höhere Seinsebene zu versetzen, lag an ihrem absolut reinen Herzen und ihrer tiefen Frömmigkeit, die von göttlicher Seite bereits vor ihrer Geburt in ihr angelegt worden war. Und das kann uns nur mit großer Ehrfurcht erfüllen.

Sechste Begegnung
Sonntag, 21. Februar

Von diesem Tag berichtet Jean Barbet, dass Bernadette den Auftrag erhielt: »Du wirst zur Bekehrung der Sünder die Erde küssen«. In meinem ersten Lourdesbuch finden Sie seinen Bericht vom 21. Februar zum Thema Buße und Umkehr. Doch an diesem Sonntag, wo die Zahl der Menschen an der Grotte größer war als an den anderen Tagen, war auch der Arzt Dr. Dozous anwesend. Während Bernadettes Ekstase war er überrascht zu beobachteten, wie ihr außergewöhnlich beglücktes Antlitz plötzlich einen traurigen Zug annahm und zwei Tränen über ihre Wangen rannen. Als er Bernadette nach der Erscheinung danach fragte, erklärte sie, dass Aquerò, nachdem sie ihren Blick auf die anwesenden Zuschauer gerichtet hatte, einen Augenblick sehr traurig ausgesehen habe und dann zu ihr gesagt habe: »Betet für die Sünder!«

Montag, 22. Februar

»Am Montagmorgen, dem 22. Februar«, schreibt Jean B. Estrade, »erhielt Bernadette von Vater und Mutter den Befehl, zur Schule zu gehen und unterwegs weder nach rechts noch nach links abzuschweifen. [Das Verbot kam vom Polizeikommissar Jacomet, der Bernadette am Vortag verhört hatte.] Widerspruchslos packte sie ihre Schulsachen zusammen und machte sich auf den Weg zur Klosterschule. Gegen Mittag kehrte Bernadette nach Hause zurück. Schon bald nach dem Mittagessen ging sie erneut zur Schule. Als sie auf dem Hügel angekommen war und die Brücke über das Bächlein überschreiten wollte, die zur Klosterschule führte, stand sie plötzlich still und konnte nicht mehr weiter. ›Eine unsichtbare Barriere hielt mich zurück‹, erklärte Bernadette später. Immer wieder versuchte sie, die Brücke zu überschreiten, aber sie konnte nicht. Nur der Weg zurück stand ihr offen. Völlig verwirrt und beunruhigt, wollte das Kind nach Hause zurückkehren, als sich plötzlich ihr Gewissen meldete. Eine innere Stimme fragte sie, ob sie sich denn nicht mehr erinnere, welche Verpflichtung sie auf sich genommen habe, täglich an die Grotte zu gehen. Die Seherin begriff, um was es ging, und trat klopfenden

Herzens den Rückweg an. […] Sie [die Polizisten] holten das Mädchen ein, stellten sich ihm in den Weg und fragten es in barschem Ton, wohin es wolle. ›Ich gehe zur Grotte‹, erwiderte es kurz und bündig, ohne den Kopf nach rechts oder links zu wenden.« Die Polizisten gingen mit ihr, störten sie aber nicht, als sie sich auf ihren Platz niederkniete und betete. Als sie sich schließlich vom Boden erhob, fragten die Polizisten sie aus, doch Bernadette erklärte, sie habe nichts gesehen.

Siebte Begegnung
Dienstag, 23. Februar

Den 23. Februar beschreibt wieder Jean B. Estrade, der an diesem frühen Morgen zum ersten Mal an der Grotte anwesend war; inmitten einer Menge von etwa 250 Zuschauern:

»Bernadette kniete auf dem Boden, nahm ihren Rosenkranz aus der Tasche und verneigte sich tief. All das tat sie in der größten Selbstverständlichkeit, wie es ein Kind in der Kirche tut. Während sie die ersten Perlen ihres Rosenkranzes durch die Finger gleiten ließ, blickte sie fragend zum Felsen empor. Plötzlich, wie vom Blitz getroffen, machte sie eine Bewegung des Erstaunens und schien wie verwandelt. Ihre Augen leuchteten und wurden strahlend. Ein himmlisches Lächeln umspielte ihre Lippen. Etwas Unaussprechliches lag über ihrer ganzen Gestalt: Bernadette war nicht mehr sie selbst, sie schien in eine andere Welt entrückt. […] Was wir vor Augen hatten und wahrnehmen konnten, war ein Zwiegespräch, das sich zwischen der geheimnisvollen Dame und dem Kind in unserem Beisein vollzog. Kaum, daß die Erscheinung begonnen hatte, nahm Bernadette die Haltung eines Menschen an, der zuhört. Ihre Gesten und ihr Gesichtsausdruck spiegelten alle Phasen der Erscheinung wider. Bald lächelnd, bald ernst, nickte sie mit dem Kopf oder schien selbst zu fragen. [...] Die Ekstase dauerte etwa eine Stunde. Gegen Ende rutschte die Seherin auf den Knien von der Stelle, an der sie betete, bis zu dem wilden Rosenstrauch, der vom Felsen herabhing. Wiederum sammelte sie sich, küßte den Boden und kam auf den Knien rutschend zu dem Platz zurück, auf dem sie ursprünglich gekniet hatte. Noch einmal leuchtete ihr Gesicht auf. Sie kam nach und nach wieder zu sich. Das alles vollzog sich sozusagen ganz natürlich. [...] Befragt über das, was die Dame ihr bei der siebten Erscheinung gesagt habe, erklärte Bernadette, daß sie ihr drei Geheimnisse anvertraut habe, die aber nur für sie allein bestimmt seien. Die Seherin fügte noch hinzu, diese Geheimnisse dürfe sie niemandem, noch nicht einmal ihrem Beichtvater, mitteilen. Immer wieder versuchten später indiskrete Menschen bald durch Schmeicheleien, bald durch List und Versprechungen dem Kinde die geheimnisvollen Mitteilungen zu entlocken. Aber alle Versuche blieben erfolglos. Bernadette nahm sie mit ins Grab.«

Achte Begegnung
Mittwoch, 24. Februar

Den Bericht über diese achte Begegnung, den die Schwester von Jean B. Estrade ihrem Bruder gegeben hat, finden Sie ebenfalls im ersten Lourdesbuch zum Thema Buße und Umkehr. Die achte Begegnung wird allgemein als Wendepunkt der Erscheinungen angesehen, von einem rein persönlichen, beglückenden Charakter für Bernadette, hin zum Thema des Gebetes für die Sünder und zur Aufforderung zu einer tätigen Buße und Umkehr, die Bernadette von nun an bei jeder Erscheinung befolgte, wobei sie die Zuschauer mit einbezog. Dazu gehörte auch das

Küssen des Bodens und das Fortbewegen auf den Knien, nicht ungewöhnliche Bußübungen der damaligen Zeit. Der Bericht von diesem Tag ähnelt jedoch dem von Jean Barbet und Dr. Dozous über die sechste Erscheinung, und Jean B. Estrade konnte bereits bei der siebten Erscheinung sehen, dass Bernadette die angegebenen Bußübungen vollzogen hat.

Neunte Begegnung
Donnerstag, 25. Februar

Über die Entdeckung der Quelle an diesem Tag habe ich bereits in meinem ersten Lourdesbuch berichtet. Ergänzen möchte ich hier nur Folgendes: Als Bernadette an diesem Tag mit den Händen die Erde aufkratzte und sich dazu überwand, aus der dadurch entstehenden Schlammpfütze etwas von diesem mit Erde vermischten Wasser zu trinken und von dem dort wachsenden Gras (es soll sich um ein Büschel von einer Art Schilf gehandelt haben, aus dem man einen Stiel herausziehen kann, der süß schmeckt) zu essen, wie es ihr Aquerò befohlen hatte, verschmierte sie dabei ihr ganzes Gesicht mit Schlamm. Plötzlich wurde sie, die man so sehr bewundert hatte, verlacht und für verrückt gehalten. Das erinnert Prinzessin G. V. Bibesco [Identität unklar] an Jeanne d´Arc, wie sie im Vorwort zu Jean Barbets Buch schreibt: »›Fallsüchtige! … Hysterikerin! … Geisteskranke …‹ Nichts hat gefehlt. Ich erwartete das Wort: Rückfällige! Denn die Grotte von Massabielle steht in Verbindung mit dem Marktplatz von Rouen, wo sich der Scheiterhaufen Johannas erhob, dem anderen Hirtenmädchen.« Doch Bernadette musste nicht das Schicksal von Jeanne d´Arc erleiden, sondern wurde bereits einen Tag später rehabilitiert, als das Wasser der Quelle nun mit einem starken Strahl hervorsprudelte. Diese Nachricht verbreitete sich sofort in ganz Lourdes und Bernadettes Verhalten am Vortag wurde plötzlich in einem völlig Licht gesehen. Zwei Tage später am 28. Februar hoben Arbeiter ein Becken von fünfzig Zentimeter Tiefe und Breite aus, so dass das Wasser jetzt von der Quelle über eine ausgehöhlte Eichenrinde in das neue Bassin floss. In diesem kleinen Teich geschahen die ersten wunderbaren Heilungen von Lourdes, die allererste bereits am selben Tag.

Vermutlich am Abend desselben 25. Februar wurde Bernadette zu einem erneuten Verhör einbestellt, diesmal beim kaiserlichen Staatsanwalt Dutour. Ihre Mutter begleitete sie. Pater André Ravier ist erstaunt über Bernadette Selbstbewusstsein, dass sie wie beim ersten Verhör auch diesmal zeigte: »Dieses Selbstvertrauen Bernadettes und diese Geistesgegenwart, als sie sich mit ihren Richtern maß, oder wenn listige oder ungläubige Besucher sie befragten, sind etwas, das uns staunen läßt.« Als Bernadette später in Nevers sich mit Schwester Vincent Garros über Erinnerungen an Lourdes austauschte, sagte sie zu ihr: »Es gab in mir etwas, das mich alles überwinden ließ; von allen Seiten hat man mich angegriffen, aber es hat mir nichts ausgemacht, ich hatte keine Angst.« Das, was Pater Ravier und andere staunen lässt, findet eine Erklärung in den Worten, die Ernest Gynot am Ende seines kleinen Büchleins schreibt: »Wenn die göttliche Weisheit etwas Großes plant, setzt sie an den Anfang ein kleines Senfkorn, ein kleines Nichts, so sehr, daß jedem in die Augen springen muß: hier ist die allmächtige Hand Gottes am Werk! Dieses kleine Nichts war Bernadette. Ein Mädchen, das kaum lesen konnte, aus der Schicht, die ›nicht zählt‹. Es war vorauszusehen, daß es einen heißen Kampf geben würde, leidenschaftliche Kritiken, teuflische Feindseligkeiten aus dem Lager der Rationalisten. Um hier siegreich zu bestehen, durfte die kleine Botin vor der argwöhnischen Öffentlichkeit nicht die geringste

Ungeschicklichkeit begehen. Man wollte sie in vielen Verhören verwirren, in Widersprüche verwickeln; man wollte sie zu dem Geständnis zwingen, sie habe gelogen. Diesen Angriffen der Arglist mußte das kleine Mädchen die Stirn bieten. Selbst nach den Erscheinungen hatte das Kind vier Jahre lang [1862 erfolgte die Anerkennung] unter Intrigen und Schikanen zu leiden. Das erforderte Geduld und Klugheit. Dann geschah das Unerhörte, das Unerklärliche: Bernadette bleibt fest, denn sie fühlt sich nicht allein. Es ist jemand da, der sie stützt, der ihr die Antworten einflüstert – die Heilige Jungfrau selbst ist es. Bernadette ist sich dessen bewußt, sie sagt es. Der Bischof hat eine Kommission einberufen, die den Fall bearbeitet. Die Zeit vergeht. Er erklärt die Erscheinungen für echt und gibt seine Gründe an. Das bischöfliche Schreiben wird in allen Kirchen der Diözese Tarbes verlesen. Unter den Gläubigen, die zuhören, sitzt Bernadette. Das Schreiben ist zugleich eine Lobrede auf sie. Doch alles Lob läuft an ihr ab. Die Heilige Jungfrau wacht. Sie gibt ihr Licht und Gnade, daß sie im Glauben bleibt, nur ein kleines Nichts zu sein.«

Zehnte Begegnung
Samstag, 27. Februar

Pater Ravier schreibt, dass sich die »Mission« Bernadettes über die ganzen vierzehn Tage hinzieht »und sie übermittelte an den Pfarrer mehrere Male den Auftrag von Aquerò, und zwar bis zu jenem 25. März 1858, an dem Aquerò schließlich ihren Namen nannte.« Da dieser 27. Februar sowohl bei Jean Barbet als auch bei Jean B. Estrade als der Tag angegeben wird, an dem Bernadette zum ersten Mal im Auftrag Aqueròs zu Pfarrer Peyramale gehen musste, gebe ich die Zusammenfassung von Jean Barbet wieder:

»An diesem 27. Februar, aus Anlass IHRER zehnten Erscheinung, sagte die Vision zu ihr: ›Du wirst zum Pfarrer sagen, dass er hier eine Kapelle baut, zu der man in Prozessionen kommen soll.‹ Noch am selben Tag suchte Bernadette den Pfarrherrn von Lourdes auf und wiederholte ihm die Worte der Erscheinung. Der Pfarrer fragte sie lange aus, dann sagte er: ›Ich kann mich schlecht an dich halten, das wirst du verstehen. Sage dieser Frau, sie solle sich zu erkennen geben: Ist sie die Heilige Jungfrau, so gebe sie dies durch ein Wunder zu erkennen … Sagtest du nicht, dass sie auf einem Rosenstrauch erscheint? … Nun gut, dann bitte Sie darum, dass sie den Rosenstrauch erblühen lässt!‹ Am nächsten Morgen überbrachte Bernadette der FRAU von der Grotte die Botschaft des Pfarrers. Die FRAU lächelte, ohne etwas zu erwidern. SIE erneuerte IHRE Bitte um die Kapelle noch zweimal und jedes Mal erledigte sich Bernadette gehorsam ihres Auftrages, ohne den Mut zu verlieren. Von allen Aufträgen, die ihr die Erscheinung auftrug, war ihr diese Botschaft die mühsamste. […] Doch sie wagte es.« Warum Bernadette dazu Mut brauchte, erklärt Jean B. Estrade: »Dieser gute Pfarrherr war ein Hüne von Gestalt mit einem strengen Wesen. Kurz und knapp war er in seinen Worten. Wer das erste Mal zu ihm kam, fühlte sich kaum von ihm angezogen.« Später wurde Pfarrer Peyramale Bernadettes glühendster Verteidiger.

Elfte Begegnung
Sonntag, 28. Februar

Von dieser Erscheinung berichtet nur Jean B. Estrade als Zeuge vor Ort. »Am Morgen des 28. Februar stellten sich mehr als 2.000 Zuschauer ein. Brennend erwartete alles die Seherin. Nett und sauber gekleidet kam Bernadette in ihrem Sonntagskleid daher. Neben ihr ging ihre jüngste Tante Lucile. Als Bernadette an mir vorbeikam, hatte sie ihren Rosenkranz schon in der Hand. Sie machte den Eindruck, als habe sie es eilig. […] Die Ekstase der Seherin dauerte schon eine geraume Weile. Nun erhob sie sich plötzlich und wollte auf den wilden Rosenstrauch zuschreiten, aber die Menschenmenge umstand sie so dicht, daß Bernadette weder vorwärts noch rückwärts konnte. Zwei Soldaten, die aus der Kaserne gekommen waren, drängten die Menschen auseinander und machten Bernadette den Weg frei. Als seien sie mitten im Dienst, wußten sie sich die nötige Autorität zu verschaffen: ›Platz gemacht! Platz!‹ […] Was die Erscheinung an diesem Tage der Seherin sagte, war für sie allein bestimmt. Niemals hat jemand davon erfahren. Nachdem Bernadette die Grotte verlassen hatte, ging sie mit ihrer Tante in die Pfarrkirche zum Hochamt. Eine große Menschenmenge folgte ihnen.«

Fünfzehnte Begegnung
Donnerstag, 4. März

Der 4. März war der letzte Tag der zwei Wochen, während der Bernadette versprochen hatte, zur Grotte zu kommen. Jean Barbet schreibt:

»Es war dies ein Donnerstag und grosser Markttag in Lourdes. Lange vor dem Morgengrauen füllte sich der Weg zur Grotte mit Neugierigen und als sich der Tag erhob, da war die Umgebung der Grotte schon schwarz vor Menschen. Auch auf dem gegenüberliegenden Ufer des Wildbaches, auf den Wiesenhängen und auf den Feldern, hatte sich eine riesige Menschenmenge angesammelt. Diener der öffentlichen Ordnung, Polizisten und Soldaten der Garnison, die ganze bewaffnete Macht, hatte man alarmiert. Alle erwarteten etwas Grosses, Unerhörtes: Diese Erscheinungszeit von zwei Wochen konnte nicht ohne irgendein hervortretendes Ereignis zu Ende gehen! […] Bernadette nahm nach ihrer Gewohnheit an der Heiligen Messe teil, bevor sie zur Grotte abstieg. Auf dem Gipfel erwartete sie ein Gendarm, der mit gezogenem Säbel vorausging, um ihr durch die Menge einen Weg zu bahnen. In unmittelbarer Nähe der Grotte hatte man Bretter hingelegt, um ihr den Weg zu erleichtern. Ohne diese Vorsichtsmassregeln wäre es an diesem Tag sicherlich unmöglich gewesen, die kompakte Menge der Zuschauer zu durchqueren.

Bei Tagesanbruch erschien Bernadette. Sie ging nicht ohne Mühe durch die Menge, die ihr respektvoll Platz machte. Dann nahm sie den gewohnten Platz ein, wie in den vorausgegangenen Tagen. Sie kniete nieder und grüsste anmutig zur Nische hinüber, vollführte ein ausgeprägtes Kreuzzeichen und forderte dann die Versammlung auf, mit ihr zu beten, worauf sie selbst anfing, ihren Rosenkranz zu beten. Bald stellte sich die Ekstase ein. Nach kurzem Rosenkranzgebet bewegte sich Bernadette auf den Knien vorwärts, hielt an, berührte den Boden mit den Lippen, ging ein weiteres Stück (immer auf den Knien) vorwärts, und kam dergestalt nach drei oder vier Unterbrechungen bei der Quelle an. Sie trank daraus, setzte ihren Weg die steile Rampe zur Grotte hinauf fort, und erreichte so die Grundfläche des Felsens von Massabielle. Aber nichts Ungewöhnliches zeichnete diese Erscheinung am 4. März, die letzte dieser vierzehn Tage, aus.«

Auf die vielen Fragen der Zuschauer antwortete Bernadette nur, dass Aquerò ihr zugelächelt, aber keinen Abschied genommen habe. Ebenso hatte die Erscheinung stets nur gelächelt, wenn Bernadette sie während der vierzehn Tage jedes Mal nach ihrem Namen gefragt hatte.

Jean B. Estrade berichtet außerdem, dass Bernadette an diesem Tag auf ihrem Weg zur Grotte stehengeblieben war, um mitleidsvoll ein blindes Mädchen zu umarmen, das ungefähr gleichaltrig mit ihr war und bitterlich weinte.

Von nun an brannten Tag und Nacht Kerzen an dieser heiligen Stätte und täglich fanden sich zahlreiche Menschen ein, um an der Grotte zu beten. Sobald Bernadette am späten Nachmittag aus der Schule nach Hause gekommen war, ging sie ebenfalls hinunter zur Grotte. Wie zur Zeit der Erscheinungen kniete sie auf der gleichen Stelle, die immer frei blieb, nieder und betete ihren Rosenkranz. Dabei waren ihre Augen stets lange auf die Nische des Felsens gerichtet. Hatte sie ihre Andacht beendet, stand sie auf, verneigte sich vor der Felsnische und kehrte nach Hause zurück. Wenn Bernadette schulfrei hatte, verbrachte sie viele Stunden im Gebet in Massabielle. Und obwohl die innere Stimme, die ihre Seele stets zur Begegnung mit Aquerò gerufen hatte, schwieg, ging Bernadette dennoch täglich zur Grotte.

Sechzehnte Begegnung
Donnerstag, 25. März

Doch plötzlich, am Vorabend des Festes Mariä Verkündigung, am 25. März, vernahm Bernadette wieder die ihr so vertraute innere Stimme und sofort teilte sie ihren Eltern mit, sie müsse am folgenden Tag zur Grotte. Vor freudiger Erregung konnte sie in dieser Nacht keinen richtigen Schlaf finden. In aller Frühe stand sie auf, kleidete sich festtäglich und eilte gegen fünf Uhr morgens nach Massabielle zur Grotte. Ihr innerer Impuls gab ihr den wohlbekannten Antrieb. Es war der Tag, an dem die Erscheinung verkündete: »Que soy era Inmaculada Concepciou« – »Ich bin die Unbefleckte Empfängnis.« Da diese Selbstoffenbarung Mariens für uns Menschen eine sehr große Bedeutung hat, habe ich mich der Unbefleckten Empfängnis ausführlich in meinem ersten Lourdesbuch gewidmet, in dem auch diese sechzehnte Erscheinung ihren Platz gefunden hat.

Bernadette in der Schule und privat

Wenden wir uns nun an dieser Stelle dem übrigen Leben der vierzehnjährigen Bernadette zu. Wie bereits erwähnt, hatten François und Louise Soubirous sie zu den Schwestern von Nevers in die Schule geschickt. Da die Begegnungen mit Aquerò stets sehr früh am Morgen stattfanden, konnte Bernadette vormittags und nachmittags am Unterricht teilnehmen. Jean Barbet schreibt als Dorflehrer:

»Es dauerte sehr lange, bis sie lesen gelernt hatte. Wenn ein Kind von fünf oder sechs Jahren, dessen Fassungskraft und Geist noch völlig jungfräulich sind und noch allen Eindrücken offen stehen, schnell lernt und ganz natürlicherweise, so verhält es sich mit einem Kind von vierzehn Jahren, dessen umherschweifende Einbildungskraft schon mit den grossen Lehren der Natur ausgestattet ist, anders. Es kann sich nur schwer einem so abstrakten Vorgang unterwerfen, wie es das Lesen darstellt. [...] Für Bernadette waren die Schwierigkeiten doppelt gross. Man musste ihr in einer Sprache das Lesen lehren, die ganz neu für sie war, nämlich im Französischen. Französisch war ihr gänzlich fremd. Sie hatte nie das geringste Wort, ja nicht einmal einen Ton davon gehört. ›Ich werde niemals etwas lernen,‹ seufzte sie und blickte dabei mit entmutigten Augen die geduldige Schwester Marie an, ›mir müssen Sie schon das Buch in den Kopf stopfen ...‹«

Trotz dieser Schwierigkeiten und der vielen Besuche und Verhöre, die sie am Lernen hinderten, war Bernadette in der Schule sehr aufmerksam und machte mit der Zeit auch gute Fortschritte. Vor allem gefiel es ihr in der Schule und mit ihren Kameradinnen verstand sie sich sehr gut. Mit ihnen konnte sie fröhlich sein, und in den Pausen machte sie alle Spiele mit großer Begeisterung mit. Einzig ihr Asthma konnte ihre Freude am Spiel beeinträchtigen. Bernadette war nicht nur zutiefst fromm und konnte voller Inbrunst beten, sondern war gleichzeitig auch ein überaus lebendiges und fröhliches Mädchen, sogar mit einem kleinen Schalk im Nacken. André Ravier bezeichnet es als ein »Sternefunkeln des Humors« in ihren Augen, der eine göttliche Tugend ist. Bodenständig, natürlich und humorvoll war sie auch in der Schule zu manchem »lustigen Schelmenstreich bereit«, wie Alphons Maria Rathgeber erzählt:

»Einmal warf sie im Sommer während einer Nähstunde auf Anstiften einer Mitschülerin blitzschnell deren Schuh zum Fenster hinaus. Unterhalb des Fensters wuchsen verführerisch lockende Erdbeeren. Mit Erlaubnis der Lehrerin machte sich die Freundin auf, den Schuh wiederzuholen und brachte ihn, sorglich unter der Schürze verborgen, voll köstlicher Erdbeeren herein.« Von einer anderen Episode berichtet Jean Barbet:

»Schwester Marie Géraud erzählte, dass sie während einer Katechismusstunde vor der Firmung [1859] in einer Ecke Flüstern und Lachen hörte. Sie unterbrach den Unterricht: ›Ich bin sicher, dass der Heilige Geist am Tage der Firmung nicht auf die Häupter dieser Schüler herniederkommen wird. Sie sind zu zerstreut.‹ Und mit dem Finger wies sie auf den Platz, wo Bernadette sass. Etwas verwirrt, erhob sich diese: ›Liebe Schwester, ich allein bin schuld!‹ ›Wie, ausgerechnet du? Die du die Gnade hattest, die Heilige Jungfrau zu sehen, bringst Unordnung in die Klasse?‹ ›Schwester, Sie wissen doch, dass man mir Tabak zum Schnupfen verschrieben hat, wegen meines Katarrhs … Ich habe meinen Nachbarinnen eine Prise angeboten. Sie haben alle abgelehnt, doch haben sie getan, als müssten sie allesamt auf einmal niesen und da mussten sie lachen. Sie sehen Schwester, sie können nichts dafür.‹ Freimütig, von einer Offenheit und Ehrlichkeit, die ihre hartnäckigen Gesprächspartner entwaffnete; einfach, von einer Einfachheit, gepaart mit gesundem Menschenverstand und überzeugender Logik, von geistvoller Schlagfertigkeit, [...] so war Bernadette nach den Erscheinungen geblieben.« Bernadettes damalige Schulfreundin *Isabeline* erzählte Ernest Guynot:

»›Bernadette wohnte ganz nahe, in der ›Rue des Petits-Fossés‹. Jeden Morgen kam sie mit ihrer Schwester Marie an unserer Haustür vorbei. Sie hatte ihr Körbchen am Arm und ging zur Schule. Sie rief von draußen: ›Isabeline!‹ Dann gingen wir zusammen.‹ *Guynot:* ›Und habt ihr euch gut verstanden?‹ *Isabeline:* ›Mit Bernadette war dies leicht, aber mit Marie gab es manchmal einen Wortwechsel. Sie war ihrer Schwester kaum ähnlich. Ein leichtsinniges Ding. Bernadette mußte sie oft mahnen. Sie sagte: ›Tu das nicht! Wenn du dir das nicht abgewöhnst, werde ich es Mama sagen.‹ Sie ließ ihr auch gar nichts durchgehen. Auch ihren kleinen Brüdern gegenüber war sie streng. Eines Abends verlangte sie von dem kleinen Jean-Marie, der sich schon zu Bett gelegt hatte, er solle wieder aufstehen und am gemeinsamen Abendgebet teilnehmen. Ein anderer hätte sich damit begnügt, das Kind zu ermahnen und zu sagen: ›Tu das nicht wieder!‹ So war Bernadette. Sie war für strenge Disziplin und ging den anderen mit gutem Beispiel voran. Wenn die Schwestern uns vom Hospiz in die Kirche führten, schaute sie nicht neugierig nach rechts oder links. Im allgemeinen sprach sie wenig. ›Man meint, sie höre nicht zu‹, sagte eine Mitschülerin, ›aber wenn man etwas Unrechtes sagt, wird man gleich von ihr zur Rede gestellt.‹« *Guynot:* ›Ich glaube, niemand hat so gut wie Bernadette die brüderliche Zurechtweisung verstanden. Sie nahm es damit sehr genau, in Saint-Gildard wie auch in Lourdes. *Schwester Vincent Garros* gab im Seligsprechungsprozeß folgendes an: ›Als ich einmal das Kreuzzeichen nachlässig machte, fragte sie mich, ob ich einen wehen Arm hätte.‹ *Schwester Martha du Rais* sagte folgendes: ›Sie tadelte mich manchmal streng, aber ich sah ein, daß es zu meinem Besten war. Und wenn sie merkte, daß sie mir wehgetan hatte, kam sie schnell und entschuldigte sich.‹ Dazu bemerkte Isabeline: ›Trotzdem fanden alle Bernadette sympathisch. Sie hatte etwas an sich, so daß man sie lieb haben mußte. Worüber sich die Leute am meisten wunderten, war die Tatsache, daß sie nach den Erscheinungen genau so einfach war wie zuvor. Es konnte ihr auch niemand Angst machen. An manchen Tagen wurde sie von der Polizei bis 23 Uhr festgehalten und ausgefragt. Sie gab immer die gleiche Antwort: ›Ich kann Ihnen nichts anderes sagen.‹«

Siebzehnte Begegnung
Mittwoch, 7. April

»Am 7. April, am Ostermittwoch, war Bernadette, die den vertrauten Ruf vernommen hatte, noch vor dem Morgengrauen in Verzückung in der Grotte. Da geschah für die große Volksmenge das Wunder, das gleichwertig ist mit dem Erblühen der Rosen auf dem wilden Rosenstrauch von Massabielle und daß die Erscheinungen sozusagen mit der Unterschrift Gottes versah: Vor einigen tausend Zeugen, die außer sich geraten, brennt die Flamme einer großen Kerze durch Bernadettes Finger hindurch, ohne daß das Fleisch verletzt wird.« Das schreibt Pater Ravier. Den Bericht von Dr. Dozous, der Zeuge war, gibt Jean B. Estrade wieder:

»›Bernadette kniete auf dem Boden und betete mit engelgleichem Eifer den Rosenkranz. In der linken Hand trug sie ihren Rosenkranz, und in der rechten hielt sie eine brennende Kerze. Als sie sich vom Boden erheben wollte, stockte sie plötzlich, und ihre rechte Hand näherte sich mit der brennenden Kerze der linken. Die Flamme der brennenden Kerze befand sich zwischen den gespreizten Fingern. Ein heftiger Windstoß brachte es mit sich, daß die Flamme die Finger berührte, ohne daß die Haut dadurch verletzt wurde. Ergriffen durch diese Tatsache, sorgte ich dafür, daß die Kerze nicht ausgelöscht wurde, nahm meine Uhr zur Hand und stellte fest, daß dieser Zustand fünfzehn Minuten dauerte. Nach dieser Begegebenheit erhob sich Bernadette, noch immer in Ekstase, und schritt ins Innere der Grotte. Die Hände lösten sich, so daß die Flamme die linke Hand nicht mehr berühren konnte. Inzwischen hatte ihr jemand die Kerze aus der Hand genommen und sie ausgelöscht. Ich bat darum, der Seherin die Kerze wieder zurückzugeben und sie anzuzünden. Daraufhin führte ich diese wiederholt unter die linke Hand der Begnadeten, die aber sofort rief: ›Ich verbrenne mich.‹ Das alles berichte ich genauso, wie ich und viele Personen, die ganz in der Nähe Bernadettes standen, es wahrgenommen haben. Ich gebe das ohne jedweden Kommentar wieder.‹«

Die Zeit zwischen dem 7. April und dem 16. Juli

An dieser Stelle bietet es sich an, auf die Einmischungen von teuflischer Seite einzugehen, deren Zeugin Bernadette bereits während ihrer Ekstase bei der vierten Erscheinung wurde, wie es Jean B. Estrade berichtet: »Sie erklärte: während sie im Gebet versunken war, erhob sich ein furchtbares Getöse von unheimlichen Stimmen, das aus dem Innern der Erde zu kommen und sich über den Fluten des Gave auszutoben schien. Diese Stimmen führten sich in ähnlicher Weise auf, wie die Anführer einer streitenden Volksmenge. Die schrien sich gegenseitig an, stellten sich Fragen und gerieten in Streit. Eine dieser Stimmen, die alle anderen übertönte, schrie gellend und voller Wut: ›Hinweg! Hinweg!‹ Nach diesem Schrei, der einer Drohung gleichkam, hatte die Dame das Haupt erhoben, die Stirn gerunzelt und zum Fluß hingeschaut. Diese einfache Bewegung genügte, um die aufgeregten Stimmen zum Schweigen zu bringen und sie in die Flucht zu jagen. Keine der anwesenden Personen hatte etwas von dem wahrgenommen, was Bernadette erzählte. Sie meinten, das Kind habe sich getäuscht, und legten diesem Zwischenfall keine Bedeutung bei. Dennoch entsprach alles den Tatsachen.« Sogar Papst Pius XI. erwähnte diesen Vorfall bei der Heiligsprechung Bernadettes am 8. Dezember 1933.

Für die folgenden Berichte Jean Barbets und Jean B. Estrades über die Versuche des Teufels, die Grotte von Massabielle der Jungfrau Maria nach dem 7. April wieder streitig zu machen, bin ich sehr dankbar, da ich bereits in meinem ersten Buch über Lourdes auf die grundsätzliche Gefahr von dieser Seite hingewiesen habe. Denn auch wenn man den Menschen weismachen will, dass es den Teufel nicht gibt, so ist er dennoch weiterhin tätig und umso erfolgreicher, je weniger man an ihn glaubt. Man darf ihn deshalb nicht ignorieren, sondern muss ihn ernst nehmen, und ihn im Namen Jesu Christi und/oder mit Hilfe von exorziertem Weihwasser und dem entsprechenden Gebet oder der entsprechenden Aufforderung entschieden in seine Schranken verweisen – ohne dabei jedoch die Liebe zu verletzten. So wie es uns Bernadette bei der zweiten Erscheinung an der Grotte vorgemacht hat, und wie sie es auch kurz vor ihrem Tod handhaben wird.

Vor allem müssen wir stets um Schutz bitten. Fromme Wachsamkeit ist besonders heute das Gebot der Stunde.

Jean Barbet schreibt: »Der Teufel wird nicht umsonst der ›Listige‹ genannt. Er hatte sich bald ein Mittel ausgedacht, um den Gläubigen, die schon jubilierten, zu beweisen, dass in der Grotte von Massabielle eine Sinnestäuschung möglich, ja offensichtlich war. Es tauchten nämlich Rivalinnen, Konkurrentinnen der Seherin auf, die behaupteten, es noch besser zu machen und noch mehr zu ›sehen‹! Eines Tages machte ein junges Mädchen, Josephine X, vor der Grotte Anstalten, auch in Ekstase zu verfallen. [...] Von Zeit zu Zeit wurde sie von ruckartigen Bewegungen geschüttelt. Nach zwei oder drei Veranstaltungen dieser Art erklärte sie, dass ihr im Inneren der Grotte verschiedene geheimnisvolle Gestalten erschienen seien. Man bedrängte sie mit Fragen und das endete damit, dass sie zugab, diese Gestalten seien ihr ›verdächtig‹ und ›von schlechter Art‹ ...« Jean Barbet berichtet außerdem von teuflischen Besessenheiten, die sich an der Grotte ereigneten. Neben einem jungen Bauern, der nicht mehr Herr seiner selbst war, erzählt er von einem Mädchen von acht oder neun Jahren, das vor dem Felsen eine Vision zu haben schien und plötzlich nach hinten umfiel und wie ein Knäuel bis zum Wildbachufer hinunter rollte. Sie konnte danach weder ihren Fall noch ihr Herunterrollen erklären.

Jean B. Estrade erzählt: »Daß Satan nun seinerseits als ›Engel des Lichtes‹ an dieser Grotte aufzutreten versuchte, ist kaum zu verwundern. So kam eines Tages ein als fromm bekanntes Mädchen aus der Rue de la Basse in Lourdes von der Grotte zurück und berichtete, es habe ›ein Konzert himmlischer Stimmen‹ vernommen, während es den Rosenkranz betete. [...] Als das Mädchen sich auch am folgenden Tage an die Grotte begab und von neuem den Rosenkranz betete, ertönten wiederum diese ›unaussprechlichen, reinen und lieblichen Weisen‹ an seine Ohren, aber im Laufe der Zeit verwandelten sie sich in seltsame Dissonanzen und arteten schließlich in ein wildes Geschrei und Gezeter aus. […] Erschreckt durch dies Geschehen, flüchtete das Mädchen in die Stadt zurück. Sooft es davon sprach, wurde es bleich und zitterte am ganzen Leib. Was sich an Teufelsspuk in dieser ersten Zeit nach den Erscheinungen an der Grotte von Massabielle abgespielt hat, würde lange Seiten füllen, wollte man es im einzelnen wiedergeben. Nur sei noch kurz ein Fall erwähnt, den ich selber aus nächster Nähe beobachten konnte: Eines Tages kam der elfjährige Sohn einer Nachbarsfamilie völlig verstört von der Grotte zurück und vermochte nicht ein einziges Wort zu sprechen. […] Nachdem er das seelische Gleichgewicht wiedererlangt hatte, erzählte er: ›Ich ging mit anderen Kindern zur Grotte. Als wir dort angekommen waren, betete ich. Ich schaute mich nach meinen Kameraden um. Als ich meinen Blick dann wieder zur Felsenhöhle wandte, sah ich eine goldene Dame auf mich zukommen. Diese Dame verbarg ihre Hände; ihr Unterkörper war in eine Staubwolke wie bei einem Gewitter gehüllt. Sie starrte mich an, als wolle sie mich verschlingen. Sofort dachte ich, es sei der Teufel, stand auf und lief davon.‹ Während der Junge das berichtete, zitterte er am ganzen Leibe und verkrampfte sich in das Kleid der Mutter. […] Es ist geradezu erschreckend, wenn man erwägt, was der Teufel in diesen Wochen und Monaten an der Grotte von Lourdes angestellt hat, um Kinder und Erwachsene zu täuschen und zu verwirren. Aber all sein Unwesen nützte nichts. Den Sieg trug schließlich doch die Gottesmutter davon.« An anderer Stelle schreibt er: »Mit Beginn des Maimonates setzte ein wahrer Pilgerstrom zur Grotte ein. Aber auch die Hölle war nicht untätig. Sie trieb ihr Unwesen an der Grotte derart, daß der Pfarrer von Lourdes an einem Sonntag in der Predigt die Mütter aufforderte, ihre Kinder nicht mehr allein dorthin gehen zu lassen. Der Pfarrer hatte allen Grund dazu und war so streng, daß ein Meßdiener, der sich dieser Ordnung widersetzte, nicht mehr am Altare dienen durfte.«

Während kleine Mädchen an der Grotte »Seherinnen« spielten, vermied es Bernadette, nach Massabielle zu gehen. Inzwischen war sie von Abbé Pomian, dem Seelsorger des Hospizes und der Schwester Marie Géraud auf ihre Erstkommunion vorbereitet worden. Und am 3. Juni, dem Fronleichnamsfest – zwischen der siebzehnten und der achtzehnten Erscheinung – durfte Bernadette endlich ihre erste heilige Kommunion aus den Händen des Pfarrers Peyramale in der Kapelle des Hospizes der Schwestern von Nevers empfangen. Pater Ravier schreibt:

»Am 3. Juni, dem Fronleichnamsfest, geht Bernadette zur Ersten Heiligen Kommunion. Von diesem innigen Fest sind zwei Echos zu uns gelangt. Das eine haben wir von Pfarrer Peyramale: Während der Einkehrtage der Vorbereitung, die er selbst bei den Kindern durchführte, ›war Bernadette‹, so schreibt er an den Bischof von Tarbes, ›von einer Andacht, einer Aufmerksamkeit, die nichts zu wünschen übrigließen‹. Am Tag der Kommunion selbst ›schien sie die heilige Handlung, die sie vollzog, ganz zu durchdringen. Alles entwickelt sich in ihr‹, fügt er hinzu, ›auf erstaunliche Weise.‹« Das zweite »Echo« kommt von Jean B. Estrade und seiner Schwester Emmanuélite, das uns einen kleinen Einblick in Bernadettes tiefe Frömmigkeit und und ihr inneres Glück gestattet. »Als Bernadette uns an ihrem Erstkommuniontag besuchte, fragte meine Schwester sie: ›Sag einmal Bernadette, was hat dich glücklicher gemacht: den Heiland in der heiligen Kommunion zu empfangen oder an der Grotte mit der Gottesmutter zu sprechen?‹ Das Mädchen zögerte einen Augenblick mit seiner Antwort und erklärte dann: ›Das weiß ich nicht. Diese Dinge gehören zusammen. Sie können nicht voneinander getrennt werden. Alles, was ich weiß, ist: ich bin beide Male sehr glücklich gewesen.‹« Aus seiner priesterlichen Perspektive schreibt Pater Ravier: »Schon an diesem 3. Juni 1858 – und noch deutlicher wird es in der Zeit ihres ›verborgenen Lebens‹ in Nevers – werden wir gelehrt, daß die Botschaft in der Verborgenheit des Herzens zu leben wichtiger war, als sie zu erzählen und durch Worte davon Zeugnis abzulegen. ›Der beste Beweis für die Erscheinungen, das ist Bernadette‹, sagte Abbé Pomian einmal. Acht Jahre lang, von 1858 bis zu jenem Morgen des 4. Juli 1866, an dem sie nach Nevers abreiste, sollte Bernadette all den Neugierigen, all den Pilgern, all den Ungläubigen immer und immer wieder berichten, was sie in der Grotte ›gesehen und gehört‹ hatte. […] Doch in den Augen Gottes und Unserer Lieben Frau wird die wahre Geschichte von Lourdes schon eben jetzt geschrieben. Bernadette und andere Seelen mit ihr erleben tiefer, sie leben schon die Botschaft und opfern sich auf, damit ›die Sünder‹ sich bekehren und in die Liebe Gottes zurückkehren.« Wie zutiefst fromm Bernadette war und wie innig sie mit dem Heiland bereits zu dieser Zeit verbunden war, zeigen die Worte von Jean Barbet: »Einige Wochen danach als Pfarrer Peyramale an einem Sonntag die hl. Kommunion austeilte, sah er – wie er selbst erzählte – einen Lichtschein über dem Haupt eines knieenden, jungen Mädchens. Als er genau hinschaute, sah er, dass es Bernadette war.«

Am 8. Juni wurde der ganze Grottenbereich mit einem Lattenzaun abgesperrt, um den Zugang zur Grotte zu verhindern. Viermal wurde der Zaun von erbosten, in ihrer Religion gekränkten Arbeitern wieder niedergerissen, bis Pfarrer Peyramale dafür sorgte, dass wieder Ruhe und Frieden im Ort einkehrten. Gleichwohl blieb der Zugang weiterhin gesperrt. »Gegen Ende September griff der Himmel selber ein«, schreibt Pater Odilo Flagel. »In Paris erkrankte das Söhnlein des Kaisers Napoleon III. sehr ernst an einer Halskrankheit. Die Kaiserin ließ eine Hofdame rufen, welcher Pfarrer Peyramale ein wenig von den Kräutern geschickt hatte, die bei der Grotte wachsen. Die Hofdame bat, die Kaiserin möge geloben, daß sie im Falle einer Heilung des Kindes auf den Kaiser einwirken werde, daß endlich die Grotte freigegeben werde.« Das Kind wurde geheilt und am 5. Oktober fiel der Zaun.

Achtzehnte Begegnung
Donnerstag, 16. Juli

So vergingen für Bernadette Tage und Wochen, ohne dass sie wusste, wann sie die Heilige Jungfrau wieder sehen würde, doch dass sie ihr noch einmal begegnen würde, davon war sie überzeugt. Und endlich, nach drei Monaten, vernahm sie wieder den ihr so vertrauten inneren Impuls. Die tiefergreifenden Worte Jean Barbets über diese letzte Begegnung am 16. Juli 1858, geben den Erscheinungen einen würdigen Abschluss:

»In den Abendstunden des 16. Juli, Fest Unserer Lieben Frau vom Berge Karmel, spürte Bernadette plötzlich erneut den geheimnisvollen Zug, der sie früher zu dem seligen Stelldichein in der Grotte gerufen hatte. Sogleich machte sie ihren Eltern davon Mitteilung. Basile, die jüngere ihrer Tanten, anerbot sich, sie zu begleiten. Auch zwei Nachbarinnen entschlossen sich mitzugehen. Inzwischen hatte aber die Stadtverwaltung das Beschreiten der Wege zur Grotte verboten. So schlugen sie den Weg über die Wiesen von Ribère ein, die am entgegengesetzten Ufer des Wildbaches liegen, und als sie der Grotte gegenüber angelangt waren, knieten sie nieder und fingen an, ihren Rosenkranz zu beten. Die Dämmerung war schon hereingebrochen. Plötzlich lösen sich Bernadettes Hände und fallen wie leblos herunter. Ihr Gesicht wird bleich und ihre Augen fangen rätselhaft zu leuchten an. Die Ekstase beginnt. Eine Frau mit einer brennenden Kerze in der Hand, die unweit davon gebetet hatte, gesellte sich kniend zu ihr. Die Nacht ist schon beinahe hereingebrochen, aber im zitternden Licht der Kerze sieht man Bernadettes Gesicht, das Helle ausstrahlt und in der Verwandlung leuchtet, den Blick in Seligkeit verloren. Dieser Zustand hält eine Viertelstunde an. Dann hört die Ekstase auf. Die JUNGFRAU war gekommen, um Abschied von Bernadette zu nehmen. ›Es war wie in unmittelbarer Nähe der Grotte,‹ erzählt sie nachher. Sobald die ersten Strahlen der Helle erschienen waren, welche die Erscheinung ankündigten, hatte sie nichts mehr um sich herum gesehen, keine Wiese mehr, keinen Wildbach und keine Schranke, die den Weg versperrte: Nur die JUNGFRAU und nur SIE allein und IHR weisses Kleid, IHREN Schleier, IHREN blauen Gürtel, IHREN freundlichen Blick, und ganz besonders, IHR Lächeln. Mit einem Unterschied: Niemals war die JUNGFRAU so verklärt erschienen. Und Bernadette wusste, dass die JUNGFRAU diesmal FÜR SIE ALLEIN erschienen war und nicht wie die anderen Male, um Männer und Frauen herbeizurufen, sondern FÜR SIE ALLEIN, Bernadette … Um ihr IHRE Zufriedenheit zu bezeugen, um sie für die Vergangenheit zu belohnen und ihr Kraft für die Zukunft zu geben.«

Die Entscheidung des Bischofs Laurence von Tarbes

In der Zeit nach den Erscheinungen trug vor allem einer der bedeutendsten Bischöfe der Diözese Tarbes, nämlich Bischof Laurence, der zur Zeit der Erscheinungen Unserer Lieben Frau in Lourdes dieses Amt innehatte, eine hohe Verantwortung. Seine Verehrung für die Jungfrau Maria war außergewöhnlich groß und Jean B. Estrade meint, dass die Gottesmutter ihn ganz offensichtlich dazu ausersehen hat, zu ihrem Apostel zu werden. Nachdem er alle Informationen, die ihn aus Lourdes erreichten, gründlich geprüft hatte, erließ er am 28. Juli eine Anweisung zur Bildung einer Untersuchungskommission, die die Echtheit und die Natur der Erscheinungen an der Grotte von Lourdes überprüfen sollte. Doch konnte die bischöfliche Untersuchungskommission wegen der Unzugänglichkeit der Grotte erst Anfang November ihre Arbeit aufnehmen. Jean B. Estrade berichtet:

»Nach einer Messe zu Ehren des Heiligen Geistes in der Pfarrkirche zu Lourdes ließ die Untersuchungskommission Bernadette im Beisein des Volkes rufen und unterzog sie einem langen und sorgfältig geführten Verhör. Bernadette blieb sich auch diesmal völlig gleich. Schlicht, einfach, klar, präzise und völlig überzeugt beantwortete sie alle Fragen. Tief bewegt schilderte sie die himmlische Frau, berichtete bis in alle Einzelheiten die verschiedenen Erscheinungen, vor allem jene Ekstase, bei der die Erscheinung sich die *Unbefleckte Empfängnis* nannte. Als der Präsident sie fragte, ob sie das alles, was sie berichtet hatte, unter Eid nehmen könne, schien es, als sammele sich Bernadette einen Augenblick. Dann wandte sie ihren Blick ernst auf die Anwesenden, erhob den Finger und erwiderte: ›Ich schwöre es.‹ Schon von dieser ersten Sitzung an war die Untersuchungskommission davon überzeugt, daß Bernadette nicht getäuscht worden sei. Dessen ungeachtet begab sich die Kommission an die Grotte und führte die Untersuchung im Beisein von Bernadette in allen Einzelheiten durch. […] Vier Jahre währte die Arbeit der bischöflichen Untersuchungskommission. Nach diesem Zeitraum begaben sich alle Mitglieder geschlossen zum Diözesanbischof, um ihm das Ergebnis ihrer Arbeit zu unterbreiten. Es war klar und überzeugend: An der Grotte von Lourdes hat sich der Himmel offenbart.« Und so konnte dieses Ergebnis am 18. Januar 1862 in einem Hirtenbrief des Bischofs Laurence von Tarbes der Bevölkerung von Lourdes mitgeteilt werden. Den wichtigsten Auszug aus diesem umfangreichen Schreiben finden Sie in meinem ersten Lourdesbuch.

Bernadettes Charakterstärke

Seit der ersten Erscheinung sagte Bernadette nur das, was sie gesehen und gehört hatte – besonnen, einfach und genau. Diese Charaktereigenschaft einer unbestreitbaren Ehrlichkeit und Ungezwungenheit Bernadettes überzeugte auch die kirchlichen Behörden. Pater Ravier schreibt: »Und die Verlautbarung unterstreicht noch einmal ›die Klugheit ihrer Antworten‹, ihre ›rechtschaffene Gesinnung‹, ihre ›ruhige Vorstellungskraft‹, ihren ›für ihr Alter gut ausgebildeten Verstand‹, kurz, alle Qualitäten des menschlichen Bewußtseins, die der hl. Paulus seinen Christen, die in eine heidnische Umwelt hineingestellt sind, ans Herz legt. ›Alles, was wahr ist, was echt ist, was rein und ehrenhaft ist … darauf sollt ihr euer Augenmerk richten‹ (Phil 4,8). Worte Bernadettes – in der Art von Aussprüchen der Jeanne d´Arc, oder mehr noch des Pfarrers von Ars –, die sie im Laufe ihrer Unterhaltungen mit Pilgern und Touristen gesagt hat, werden überall zitiert. Wie bei allen ›historischen‹ Worten ist ihre Formulierung vielleicht verschönert, aber viele haben einen unbestreitbaren Akzent. Am 28. August entgegnet sie dem Abbé Fonteneau, dem späteren Bischof von Agen, der nicht an die Erscheinungen glaubt: ›*Ich verpflichte Sie nicht, mir zu glauben, aber ich kann nur wiederholen, was ich gesehen und gehört habe.*‹ Und zu anderen ›Ungläubigen‹:

›Ich bin beauftragt, es Ihnen zu sagen, ich bin nicht beauftragt, Sie zum Glauben zu zwingen‹. […] Ende 1859 unterhält sich ein protestantischer Verwaltungsbeamter, ein ›gelehrter Rechtsberater‹, mit Bernadette. Anschließend erklärt er dem Abbé Bayer: ›Meiner Ansicht nach spricht hier die Kraft der Überzeugung. Dieses Kind setzt mich in Erstaunen und macht mich betroffen. Es gibt da irgend etwas.‹ Dieses ›Etwas‹, wie viele Leute haben es auf die Probe gestellt! Als Zweifler kamen sie, als Überzeugte kehrten sie heim … selbst Geistliche, selbst Bischöfe! Bernadettes Sachlichkeit ist einfach schlagend, unwiderstehlich. In Nevers wird das ebenso sein wie in Lourdes.« Es ist, wie wir jetzt wissen, der Geist der Heiligen Jungfrau, der Bernadette innerlich dazu verhalf, die in ihr angelegten Eigenschaften angstfrei zutage treten zu lassen, damit das Vorhaben Gottes vollkommene Erfüllung finden konnte.

Und nichts konnte Bernadettes innerliche Charakterstärke ins Wanken bringen, trotz der vielen Versuchungen, denen sie nach den Erscheinungen in Lourdes ausgesetzt war. Die Versuchungen wurden aus zwei Quellen gespeist. Die eine entsprang der schnell entstandenen Verehrung des Mädchens, das die Heilige Jungfrau sehen durfte und die andere dem Mitleid, das man beim Anblick der Armut ihrer Familie empfand. Bleiben wir zunächst bei der Verehrung, der Bernadette nun ausgesetzt war. Jeder wollte sie nicht nur sehen und hören, sondern sie möglichst auch berühren. Die Menschen verfolgten sie in den Gassen, warfen sich ihr sogar in den Weg, knieten nieder und berührten ihre Kleider, um irgendetwas als »Reliquie« von ihr wegzunehmen. Traf man sie bei irgendwelchen Zeremonien, versuchte man ein Stück ihrer Kleidung abzuschneiden, von ihrer Kapuze, ihres Schleiers, ihres Kleides. Wie sehr Bernadette dieses würdelose Verhalten der Menschen verabscheute und wie sehr es sie quälte, zeigen Äußerungen, die von ihr aus diesen Situationen überliefert sind. Wenn die respektlose Bedrängnis gar zu arg wurde und Bernadette keine Möglichkeit mehr sah, ihr zu entkommen, erwachte ein heiliger Zorn in ihr und damit ihr resolutes Wesen, das ihr als Familienälteste in die Wiege gelegt worden war und das ihrer natürlichen Autorität Respekt verschaffte. Mit blitzenden Augen blickte sie dann die sie bedrängenden Menschen an und aus ihrem Mund kamen Sätze, die ihre ganze Einstellung zu diesem Getue um sie, was sie nicht begreifen konnte, enthüllten. Sätze wie: »Was seid ihr doch für Schwachköpfe!« oder »Mein Gott, wie dumm Sie doch sind!« Pater Ravier beschreibt solche Situationen mit den Worten: »In ihren großen schwarzen Augen, deren Samtglanz von Zeitgenossen bewundert wird, leuchten, wenn es nötig ist, die Blitze der Willensstärke auf [...]«

Die heißeste Begierde rief allerdings ihr Rosenkranz hervor. Was hätten die Menschen nicht alles für den Rosenkranz der Erscheinungen gegeben! Man bot ihr Rosenkränze mit goldenen Ketten und kostbaren Steinen an. Sogar ein Erzbischof zählte zu den Versuchern. Alle Mühe war vergebens, Bernadette wollte ihren eigenen, ganz einfachen behalten, den sie mit der Unbefleckten Empfängnis zusammen gebetet hatte. Doch: »Armer, armer Rosenkranz der Bernadette! Eines Tages, bestätigte uns Schwester Marie Géraud, wurde er ihr gestohlen. Es war gleich nach den Erscheinungen. Wirklich eine seltsame Art seine Verehrung für die Jungfrau zu bekunden ...« Das schreibt Jean Barbet und André Ravier erzählt: »Schließlich ›verliert‹ sie ihn unter Umständen, die die kleinen, aus Verehrung begangenen Diebereien zur Blüte treiben.«

Kommen wir nun zur zweiten Versuchung, die dem Mitleid entsprang. Die Soubirous waren nicht nur arm, sondern oft sogar notleidend, was viele Besucher dazu verführte, Bernadette, ihren Eltern oder Geschwistern Geld zuzustecken. Doch niemals, auch nicht in der größten Not, nahm Bernadette auch nur die kleinste Gabe an. Denn jede Annahme hätte den Auftrag der Heiligen Jungfrau in Frage gestellt und gefährdet. Jean Barbet berichtet: »Viele Male hatte man es probiert, sie in Versuchung zu führen: Und war es nur darum gewesen, den Ihrigen damit ein wenig Erleichterung zu verschaffen. Sie lehnte stets ab. […] Eines Tages liess eine Dame, die wohl um die Not der Eltern wusste, in Bernadettes Tasche zwei Goldstücke gleiten. Bernadette bemerkte es. In aller Eile zog sie die zwei Goldstücke aus ihrer Tasche und wandte sich mit dem Ausdruck tiefverletzter Würde an die Dame: ›Madame, ich danke Ihnen. Aber Gold behalte ich nicht.‹« Auch Bernadettes Eltern hielten sich an die Forderungen ihrer Tochter. Selbst an den Tagen, da sie als Tagelöhner ihrer Arbeit nicht nachgehen konnten, weil ständig Besucher kamen, die ihre Tochter sehen wollten und große Not in der Familie herrschte. Es war ein unerschütterlicher Grundsatz. Das musste auch ihr kleiner Bruder Jean-Marie erfahren, als er acht oder neun Jahre alt war. Voller Freude hatte er Bernadette ein Vierzig-Sous-Stück gezeigt, das er von einem Besucher für eine Gefälligkeit geschenkt bekommen hatte und als er es nicht zurückgeben wollte, erhielt er von seiner Schwester zwei so heftige Ohrfeigen, dass er das Geld eilig zurückbrachte. Als er wieder zu Hause war, überprüfte Bernadette seine Kleidung und stellte nochmals klar, dass sie es nicht duldete, wenn jemand von ihnen auch nur die kleinste Gabe annahm. Und Jean-Marie, der diesen Vorfall Jean Barbet erzählt hat, betonte anschließend, dass sie alle, trotz ihrer Armut, dieses Verbot nie gebrochen haben. Diese Resolutheit Bernadettes zeigt, wie kategorisch das Verbot war, das sie in sich verspürte.

Bernadettes Leben nach den Erscheinungen

Nach den Erscheinungen war Bernadette dasselbe einfache Mädchen geblieben. Sie rühmte sich ihrer Erscheinungen nicht und sprach so wenig wie möglich darüber, nur wenn man sie fragte. Weiterhin lebte sie mit ihrer Familie im »Cachot«, litt an ihren Asthmaanfällen und besuchte den Unterricht in der gebührenfreien Schule bei den Schwestern im Hospiz. Ihre Mutter brauchte sie jedoch oft zu Hause, was ihren Schularbeiten nicht zuträglich war. Außerdem musste Bernadette den Unterricht vernachlässigen, weil sie ständig Besuch bekam; jeder wollte sie kennenlernen, sie sehen und mit ihr sprechen. Es kamen Arme und Reiche, Soldaten und hohe Beamte, Priester und Ordensschwestern und auch sogenannte erlauchte Persönlichkeiten wie die Erzieherin des kaiserlichen Prinzen, oder Bischöfe in die ärmliche Wohnung der Soubirous, um sich von Bernadette wieder und wieder, bis ins kleinste Detail, die Erscheinungen schildern zu lassen. Eine kaum vorstellbare Belastung für die ganze Familie! Nicht nur wegen der Enge, sondern auch, weil Vater oder Mutter stets dabei sein mussten und deshalb keinen Lebensunterhalt für ihre Familie verdienen konnten. Und traf man Bernadette nicht zu Hause an, hoffte man sie im Hospiz anzutreffen, wo sie zur Schule ging. Dieser Besucheransturm war eine wahre Tortur für sie, die sie sich äußerlich zwar nicht ansehen ließ, worunter sie aber umso mehr litt.

Im September 1858 verließen die Soubirous das Cachot und zogen in ein Zimmer beim Konditor Deluc, in eine Unterkunft, die kaum größer, aber gesünder war. Im ersten Vierteljahr 1859 erfolgte ein weiterer Umzug, als François Soubirous erneut sein Glück als Müller versuchte im Moulin Gras. Um Bernadette eine zeitlang von dem

Besucherandrang, der sie sehr erschöpfte, zu befreien und um ihr quälendes Asthma zu behandeln, wurde sie nach Cauterets geschickt. Doch sobald sie nach Lourdes zurückgekehrt war, fing alles wieder von vorne an, worunter vor allem ihre Gesundheit litt. Die Asthmaanfälle machten ihr sehr zu schaffen. Um Bernadette aus dieser Situation zu befreien und sich besser um das kränkliche Mädchen kümmern zu können, baten die Schwestern des Hospizes ihre Mutter Oberin um die Erlaubnis, Bernadette ganz in ihr Kloster aufzunehmen zu dürfen. Mutter Ursule Fardes, die zu einer ihrer Vertrauten werden sollte, war damit einverstanden und auch François und Louise Soubirous willigten ein. Die Aufnahme fand am 15. Juli 1860 statt. Bernadette wurde aber nicht wie eine bedürftige Kranke, die der Wohltätigkeit anheimfiel, behandelt, sondern allein in einem luftigen und freundlichen Einzelzimmer untergebracht. Außerdem nahm sie die Mahlzeiten gemeinsam mit den Kindern des zur Schule gehörenden Internats für wohlhabende Mädchen ein und besuchte den Unterricht der dazugehörenden gebührenpflichtigen Schule.

Doch auch im Hospiz bekam Bernadette weiterhin ständig Besuche, nur fanden diese jetzt in einem Besucherzimmer statt. Die Schwestern durften die Besuche nur einschränken, wenn sie die Gesundheit des ihnen anvertrauten Mädchens gefährdeten. Jean Barbet beschreibt Bernadette während dieser Besuche:

»Bernadette erschien immer in der Kleidung der pyrenäischen Bäuerinnen, den Kopf mit einem Taschentuch eingebunden, bescheiden, niemals geziert, ganz einfach und treuherzig. Sie sah den Besucher ohne Neugier und Erstaunen an, ohne die geringste Schüchternheit. […] Ihre sympathischen Gesichtszüge, ihre grossen und gefühlvollen Augen, ein Schatten von Melancholie, der auf ihrem Antlitz ruhte und von ihrem Asthmaleiden herrührte, sprachen, sobald man sie sah, zu ihren Gunsten und man konnte sich schwerlich eines Gefühls der Überraschung und des Wohlwollens erwehren. Ihre Schilderung, abertausendmal wiederholt, blieb immer gleich: Sachlich, präzise, ohne Ausschmückungen. Dann schwieg sie. Stellte man Fragen an sie, so antwortete sie klar, kurz und bündig. Ihren Antworten ging nie ein Zögern voraus. Auch sammelte sie sich vorher nicht. Ihre Erwiderungen kamen unmittelbar und klar aus ihrem Munde. Im allgemeinen machte sie einen ruhigen Eindruck und war selbstbeherrscht, ja, sogar kalt. Bemerkte sie jedoch beim Gesprächspartner Feindschaft oder Unglauben, so vollzog sich in ihr schlagartig eine Veränderung. Sie lebte auf, gab schlagfertige Antworten. Das kleine, unwissende Hirtenmädchen, das so lange nichts anderes sprach als ihren bigorrischen Dialekt, behauptete sich den geschicktesten Fragestellern gegenüber und brachte sie durch ihre knappe und unwiderlegbare Beweisführung durcheinander. Manchmal konnte es geschehen, dass Zuhörer bei diesen streitbaren Entgegnungen in die Hände klatschten und applaudierten. Zuweilen konnte es auch geschehen, dass sie nur mit den Achseln zuckte, wenn die Voreingenommenheit ihres Gesprächspartners zu klar hervortrat. Sie begnügte sich dann zu sagen: ›Das ist es, was ich gesehen habe und was ich weiss. Wenn Sie mir nicht glauben wollen, was soll ich da machen?‹ Dann verfiel sie in Schweigen.«

Die beiden Verhaltensweisen Bernadettes, die Jean Barbet hier schildert, die ruhige Art, in der sie antworten konnte und die plötzliche Veränderung, die sich in ihren Antworten vollzog, kann man jeweils als das Erbe von François und Louise Soubirous ansehen. Wie wir es bereits gesehen haben, zeigte sich bei Bernadette, wenn es nötig war, das matriachale Temperament der Castérot, dass sich äußerte in Willenstärke, Schlagfertigkeit und

Resolutheit. Ansonsten war sie ruhig, gelassen und freundlich – ein Erbe der Soubirous. Das kommt auch in der Erzählung von *Madame Poueyto* zum Ausdruck, die Ernest Guynot wiedergibt:

»›Einmal war Bernadette bei uns im Hause. Das kam so: Ich hatte einen Onkel, er war Vikar in Argelès und hatte Beziehungen zum Unterpräfekten. Dessen Frau wünschte Bernadette kennenzulernen und bat meinen Onkel, eine Begegnung herbeizuführen. Ich mußte Bernadette bei den Schwestern abholen. Sie ging ohne weiteres mit. Die Dame stellt ihr eine Menge Fragen. Bernadette antwortete einfach und ruhig. Die Sanftmut ist ein Charakterzug der Soubirous, sie haben ein gesetztes, ruhiges Wesen. Gegen Ende der Unterredung sprach die Dame: ›Sie sagten, die Heilige Jungfrau habe ihnen Geheimnisse anvertraut. Mir werden sie diese aber doch verraten.‹ Bei diesen Worten wurde Bernadette plötzlich ernst. Sie erhob sich von ihrem Sitz, nahm Haltung an, legte die Hand auf die Brust, schaute der Dame ohne die geringste Schüchternheit ins Gesicht und antwortete in entschiedenem Ton: ›Madame, dies behalte ich für mich.‹ Als ich Bernadette heimbegleitete, fragte sie mich, da wir gerade unter einem Nußbaum dahingingen, ob es in diesem Jahr wohl viele Nüsse und eine gute Ernte gäbe. Die Ehre, die ihr von großen Persönlichkeiten erwiesen wurde, ließ sie gleichgültig. Sie zeigte keine Befriedigung darüber und war nicht stolz darauf.«

Seitdem Bernadette im Hospiz wohnte, hatte sich Pfarrer Peyramale Gedanken darüber gemacht, wie er der Familie Soubirous aus ihrem Elend heraushelfen konnte. Als er eines Tages erfuhr, dass die Mühle Lacadé, die ebenfalls in der Rue-des-Petits-Fossés lag und die Hausnummer 9 trug, (das sogenannte »Vaterhaus der Bernadette« in der heutigen Rue-Bernadette-Soubirous) zu verpachten war, wandte er sich sofort an Bischof Laurence von Tarbes, der daraufhin die Mühle Lacadé zugunsten des Vaters Soubirous in Pacht nahm. Von diesem Zeitpunkt an war die Familie Soubirous aus ihrer größten Not heraus.

Bernadettes tiefe Frömmigkeit

Bernadettes irdischer Weg bestand darin, den Heiligen Willen Gottes, der in ihr bereits vor ihrer Geburt angelegt war, zu erkennen und Ihm zu folgen; so, wie er sich Schritt für Schritt für sie enthüllte. Mit diesen Worten möchte ich Bernadettes tiefe Frömmigkeit zusammenfassen. Das drückt sich auch in dem Gespräch aus, von dem Jean B. Estrade berichtet: »Eines Tages wollte ein Missionar, Pater Vigne, erfahren, wie Bernadette über das Versprechen der Gottesmutter denke, sie glücklich zu machen. Er stellte ihr die Frage: ›Da die Gottesmutter dir doch versprochen hat, dich in der Ewigkeit glücklich zu machen, brauchst du dich wohl in keiner Weise mehr zu sorgen, und du kannst dich auf dieses Versprechen berufen.‹ ›O nein, Herr Pater, was glauben Sie wohl? Geben Sie acht: ich werde nur dann glücklich, wenn ich meinen geraden Weg gehe.‹«

Bernadettes tiefe Frömmigkeit und innige Verbundenheit mit der Heiligen Jungfrau hatte bereits die Zuschauer der Erscheinungen so sehr angerührt, dass man recht bald begann, ihr im persönlichen Gespräch oder in einem Brief Gebetsanliegen, Sorgen und Kranke anzuvertrauen. Diese Bitten zu erfüllen, sah Bernadette als ihre Pflicht an, als etwas, was ihr von göttlicher Seite aufgetragen wurde. Und am liebsten war es ihr, wenn sie ihre Gebete in die Grotte tragen konnte, ihrer himmlischen Heimat auf Erden, was ihr jetzt aber nur in Begleitung zweier Schwestern möglich war, die sie vor den zudringlichen Menschen schützten. Bernadettes fürbittende Gebete waren getragen von tiefer Liebe und grenzenlosem Vertrauen in die göttliche Erhörung.

Diese herausragende Frömmigkeit an Schwester Marie-Bernard, die sich ebenfalls in ihren Gebeten ausdrückte, war etwas, dass die Priester viel zu wenig betonen würden, sagte Bernadettes Mitschwester *Eudoxia Chatelain*. Sie hat vom Januar 1872 bis zum Dezember 1874 mit Schwester Marie-Bernard zusammengelebt und wurde sogar von ihr gepflegt. Sie erzählte Ernest Guynot: »›Der Sonntag war der Tag der Kommunion für das Noviziat. Ich hütete mich bei der Danksagung, das Gesicht mit den Händen zu bedecken. Ich mußte immerzu Schwester Marie-Bernard ansehen. Dann hatte ich auch keine Zerstreuung mehr. Ich sprach: Herr, laß mich teilhaben an ihrer Innigkeit und an den Gnaden, die du ihr gibst! […] Es genügte, ihr zu begegnen, sie zu sehen oder zu hören, um im tiefsten Grund der Seele die Ausstrahlung ihrer Heiligkeit zu empfinden. […] Ich bat sie um ihr Gebet, aber weiter ging ich nicht. Was war es, das mir den Mund schloß? Der Respekt! Niemand hat mir je einen solchen Respekt eingeflößt. Sie war so fern von mir und so nah bei der Heiligen Jungfrau. […] Sie beten zu sehen war für uns besonders erbauend. Es ist schade, daß die Prediger fast nie über ihre Frömmigkeit sprechen. Sie betonen vor allem ihre Demut, ihre Selbstverachtung, ihre Liebe zum verborgenen Leben, und sie haben wohl recht damit. Wenn sie aber Bernadette gekannt hätten wie wir, wüßten sie, daß ihre Frömmigkeit nicht weniger bemerkenswert ist. Ich sehe sie noch vor mir, auf den Knien betend, unbeweglich den Blick auf den Tabernakel gerichtet. Man spürte deutlich, daß sie von der Gegenwart Gottes tief durchdrungen war. Ihre

Anwesenheit im Mutterhaus war sicher eine Gnade für alle, besonders auch für mich. Sie führte mich in meinem ganzen religiösen Leben. Ich habe mit meinen Augen die Vollkommenheit gesehen, drei Jahre lang. So wußte ich sehr genau, wie ich sein müßte. Die Weisungen, die sie mir gab, machten auf mich mehr Eindruck als alle Predigten. Ich darf sagen, daß sie es war und ihr Beispiel, die mich in schwierigen Stunden durch die Gnade Gottes vor manchem bewahrt haben. Sie haben mich gebeten, Ihnen ein Bild meiner Schwester Marie-Bernard zu zeichnen. Hier ist es, wie ich es seit sechzig Jahren in mir trage.‹«

Ein alter Priester vertraute einer anderen Schwester in Saint-Gildard an: »›Als ich noch Seminarist war, nahm ich einmal an einem Gottesdienst in der Kathedrale teil. Ich glaube, es war ein Requiem. […] Ich sah sie mehrmals an, so unauffällig wie möglich. Sie betete den Rosenkranz. Ihre Haltung, ihre innere Sammlung und ihre tiefe Andacht machten einen solchen Eindruck auf mich, daß ich sofort den Entschluß faßte, von nun an so gut zu beten wie sie, so aus tiefstem Herzen. Und besonders innig wollte ich den Rosenkranz beten. Ich hatte bisher schon viele theoretische Unterrichtsstunden über das Gebet bekommen. Jetzt aber sah ich eine Heilige im Gebet. Das war lebendiger Unterricht. Dieser Entschluß hat meinem Leben eine Wende gegeben. Ich habe mein Versprechen treu gehalten und glaube, durch gutes Beten ein guter Priester geworden zu sein. Bernadette hat mir diesen Dienst erwiesen, ohne es selbst zu ahnen, nach der Art der Heiligen, die das Übernatürliche um sich verbreiten, wie die Sonne ihre Wärme.‹« Das berichtet Ernest Guynot, der auch die folgenden Worte von Mutter *Elisabeth Meyrignac* wiedergibt: »Ich fühlte mich glücklich, wenn ich sie vor der Muttergottestatue beten sah. In ihren Augen und auf ihrem Gesicht lag ein himmlischer Glanz. Ich hätte mich nie satt daran gesehen.«

Bernadette als »eine echte Heilige Frankreichs«, wie Pater Ravier sie nennt, begann als Säugling ihren Weg in Bartrès, um mit acht oder neun Jahren zu einem Hirtenmädchen zu werden. Hirten und Hirtinnen hatten in der Geschichte Gottes mit den Menschen stets eine besondere Bedeutung und in Frankreich waren es drei auserwählte Hirtinnen, die ihr Land entscheidend prägten. Darauf weist Alfons Maria Rathgeber hin: »An Bernadette Soubirous hat sich bewahrheitet, daß Gottes Weisheit es liebt, die ›Kleinen‹ dieser Welt auszuwählen, um sie zu Trägern und Vermittlern seiner Gnade zu machen. Dreimal waren es kleine Hirtinnen, die als Werkzeug Gottes machtvoll in die Geschichte Frankreichs eingriffen. Das Hirtenmädchen St. Genoveva hat einst durch ihr fürbittendes Gebet die Hauptstadt des Landes vor den Horden Attilas gerettet. Das Hirtenmädchen von Domremy, die hl. Johanna d´Arc, hat den eingedrungenen Feind aus dem Land gejagt und den König zur Krönung geführt. Und das Hirtenmädchen von Lourdes hat Frankreich und die ganze Welt machtvoll zu Gebet und Buße aufgerufen und Lourdes zu einer Stätte gemacht, auf die Gott und die seligste Jungfrau mit Wohlgefallen schauen und die sie überreich mit Wundern begnaden.«

Bernadette auf dem Weg zu ihrer Berufung

Bernadette fühlte sich wohl im Hospiz, doch ihr Gesundheitszustand besserte sich trotz aller Aufmerksamkeit und Mühen der Schwestern nicht. Bereits kurz nach ihrem Einzug bekam sie einen so starken Asthmaanfall, dass Abbé Pomian, der Hausgeistliche, ihr die letzte Ölung verabreichen musste und die herbeigerufenen

Ärzte Bernadette für verloren erklärten. Als die Ärzte weggegangen waren, holten die Schwestern jedoch Wasser von der Grotte und gaben der Schwerkranken einen Löffel davon zu trinken. Im gleichen Augenblick konnte Bernadette sprechen und war wieder wohlauf. Sie nahm erneut am Unterricht teil, machte sich nützlich, wo sie konnte, betete mit den Schwestern, stieg von Zeit zu Zeit in Begleitung zweier Schwestern zur Grotte hinunter und dachte nicht weiter über ihre Zukunft nach. Auf diese Weise erreichte sie ihr achtzehntes Lebensjahr. Manchmal fragten die Schwestern sie vorsichtig, welche Richtung sie ihrem Leben geben wollte, worauf sie zumeist antwortete, dass sie es nicht so recht wüsste. Oder sie erklärte, dass es ihr vielleicht Freude machen würde, Waisenkinder zu betreuen oder Bedürftige zu pflegen. Doch wenn dann genauer nachgefragt wurde, erklärte sie, dass sie auch gerne Nonne werden würde, wenn es möglich wäre, sie sich den Orden aber noch nicht ausgesucht hätte. Abbé Pomian legte ihr daraufhin mehrere Male verschiedene Ordenstrachten vor, doch sie konnte immer noch keinen Entschluss fassen. Der Abbé beschloss deshalb, sie nicht weiter zu drängen, sondern riet ihr, zur Heiligen Jungfrau zu beten, um in dieser Sache erleuchtet zu werden. So betete Bernadette zur Muttergottes um Erleuchtung in dieser Angelegenheit und wartete gleichzeitig auf ein Zeichen, um den Willen Gottes zu erkennen.

Ende März 1862 erkrankte sie so ernstlich an der Lunge, dass man sie wieder für verloren hielt. Nach dem Empfang der Krankensalbung am 28. April 1862 ging es ihr jedoch langsam wieder besser. Ihre Zeit war noch nicht gekommen. Dennoch wurde es erforderlich, dass sie sich während der nächsten Jahre mehrere Male außerhalb von Lourdes aufhielt. Zunächst musste sie zur Kur nach Bagnère-de-Bigorre, wie Jean Barbet schreibt. »An diesem

Ort war sie im Krankenhaus der Schwestern von Nevers untergebracht und beschäftigte sich dort ebenso sehr mit dem zu ergreifenden Beruf wie mit ihrer Gesundheit.« Vor allem die Gedanken um ihre Zukunft belasteten Bernadette sehr, da inzwischen in ihr die Erkenntnis gereift war, dass sie in der Grotte von Massabielle nicht nur eine große Aufgabe, sondern auch eine übergroße Gnade erhalten hatte, die von ihr ein Verhalten verlangte, das dieser Gnade entsprach. Es war ein großer seelischer Schmerz, der sie quälte, da sie immer noch keine Klarheit darüber hatte, was Gott von ihr erwartete. Und so bat sie die Menschen, zu denen sie Vertrauen hatte, inständig um Gebetsunterstützung. André Ravier schreibt: »Ihr wirkliches Gefühl wird uns in einem Brief vom 3. Dezember 1862 an Don Antonio Morales klar: ›*Ich bitte Sie inständigst, zu unserer guten Mutter, der allerheiligsten unbefleckten Jungfrau, zu beten, daß ich durch sie und ihren Sohn die Gnade erhalte, allen Prüfungen Gottes treu und ergeben zu entsprechen. Ich, mein Herr, bin sehr schwach, ich brauche dringend den Gebetsbeistand der guten Seelen, um nicht das Glück, das mir der Himmel schenkt, obwohl ich dessen unwürdig bin, zu mißbrauchen.*‹ Dieses Vertrauen, das aus ihrem Schreiben hervorgeht, ist das erste Bekenntnis ihres seelischen Zustandes. Man findet es häufig, aber diskret in allen Briefen von Bernadette. Sie fürchtet sich nicht vor den Plänen Gottes, sie fürchtet nur, dieses von Gott geschenkte Glück zu mißbrauchen, und bittet deshalb, für sie zu beten.«

Nachdem Bernadette von einer Kongregation, in die sie eintreten wollte, aufgrund ihrer Berühmtheit abgelehnt worden war, und sie sich mit der Zeit darüber klar wurde, dass nicht nur ihre schwache Gesundheit, sondern auch ihre mangelnde Bildung und ihre Armut große Hindernisse für die Aufnahme in ein Kloster darstellten, fiel es ihr sehr schwer, sich für den Weg, der bereits in ihr angelegt war, endgültig zu entscheiden. Und obwohl sie sich im großen Haus der Schwestern als Pflegerin alter Leute, als ausgezeichnete Schneiderin und Stickerin, sowie als gute Überwacherin kleiner Mädchen nützlich zeigte, entstand in ihr das Gefühl, sie wäre für nichts zu gebrauchen.

Am 27. September 1863 besuchte Bischof Forcade von Nevers, der gleichzeitig auch General-Superior der Gemeinschaft der Nächstenliebe war, die Schwestern des Hospizes von Lourdes, die ihm unterstellt waren. Nachdem er die Schwestern begrüßt hatte, bat er um Auskunft über Bernadette. Er traf sie im Arbeitsraum des Hauses an, wo sie gerade dabei war, Gemüse zu putzen. Er war sehr beeindruckt, und widmete ihr einige wohlwollende Worte. Am Abend rief er Bernadette zu sich in das Empfangszimmer. Das folgende Gespräch ist die Aufzeichnung von Jean B. Estrade, der die Anrede Bernadettes gemäß der französischen Höflichkeitsform wiedergibt. Unterbrochen wird es aus inhaltlichen Gründen von einigen Worten André Raviers. Nachdem der Bischof gerührt die Berichte über die Erscheinungen gehört hatte, sprach er zu ihr:

»›Ja, meine Tochter, Ihnen sind große Gnaden durch die Gottesmutter zuteil geworden. Was glauben Sie nun aus Dankbarkeit dafür tun zu müssen.‹ ›Monseigneur, niemals habe ich mir über etwas anderes Gedanken gemacht, als über das, was ich hier tue. Das heißt, ich bete und arbeite mit den lieben Schwestern.‹ ›Aber bedenken Sie, mein Kind, daß das nur ein vorübergehender Zustand ist. Die Schwestern können Sie nicht für immer behalten.‹ ›Wenn ich aber als Dienstmädchen bei ihnen bleiben möchte?‹ ›Das geht nicht. Sie können nur Schwestern im Hause behalten, die durch Gelübde gebunden sind.‹ Bernadette senkte den Blick. ›Schauen Sie, mein Kind‹, so fuhr der Bischof fort, ›ist Ihnen noch niemals der Gedanke gekommen, in das Kloster der guten Schwestern einzutreten, die Sie pflegen?‹ ›Nein, Monseigneur, wenn mir der Gedanke gekommen wäre, hätte ich mir sagen müssen, das sei unmöglich.‹ ›Weshalb denn?‹ ›Weil ich zu unwissend bin und kein Vermögen habe.‹ ›Im allgemeinen stimmt es schon, daß wir eine Mitgift und eine gewisse Bildung verlangen, aber wenn ein wirklicher Ordensberuf vorliegt, dann kann man davon absehen.‹« André Ravier: »Nun bringt Bernadette den zweiten Einwand vor, der schon lange in ihr arbeitet. [...] ›Ich hingegen bin nichts, und ich bin zu nichts zu gebrauchen.‹ Nun ist es am Bischof Forcade zu triumphieren. ›Heute morgen noch konnte ich feststellen, daß du zu etwas zu gebrauchen bist.‹ – ›Und wozu?‹ – ›Um gelbe Rüben zu putzen. Das kannst du immer machen, im Mutterhaus braucht man viele. Und außerdem haben wir Krankenschwestern in Nevers. Es wird sich leicht ein Weg finden lassen, dich zu beschäftigen. Außerdem bin ich sicher, daß man im Noviziat nicht versäumen wird, dir ein gehöriges Stück Bildung zu vermitteln, die dir ja fehlt.‹« Jean B. Estrade: »›Ich glaube, Monseigneur, ich habe das begriffen. Ich danke Ihnen. Aber bevor ich mich entscheiden kann, muß ich lange darüber nachdenken.‹ ›Gott bewahre mich, bei Ihnen einen voreiligen Entschluß zu bewirken. Was ich Ihnen sagen wollte, war, zu überlegen, was die Gottesmutter von Ihnen erwartet. Beten Sie eifrig zu ihr. Wenn Sie sich zu einem wahren Opferleben im Kloster angetrieben fühlen, dann schreiben Sie mir. Ich werde vor Gott erwägen, was zu tun ist.‹«

Nach dem Besuch des Bischofs blieb Bernadette weiterhin im Zustand des Wartens, so als wäre der richtige Zeitpunkt für eine Entscheidung noch nicht gekommen. Unterdessen wurde sie immer wieder von Asthmaanfällen geplagt. So war es auch an einem besonderen Tag im April, von dem Jean Barbet schreibt: »Am 4. April

1864 fand die Einsegnung der Erscheinungs-Statue statt. Bernadette wäre so gerne dabeigewesen! Aber ach, ein schrecklicher Asthma-Anfall fesselte sie an diesem Tage ans Bett. Wieder einmal hielt man sie für verloren und spendete ihr die letzte Ölung. Die Krise ging jedoch vorbei. Bernadette erlangte eine verhältnismässig gute Gesundheit zurück und nahm das gewohnte Leben wieder auf.« Auch André Ravier bestätigt, dass Bernadette bei der Einsegnung nicht anwesend war.

Wie lange es dauerte, bis Bernadette ihren endgültigen Entschluss über ihren zukünftigen Weg verkündete, lässt sich nicht eindeutig beantworten, da die verschiedenen Autoren unterschiedliche Daten dafür angeben. Jean Barbet spricht vom 20. Mai 1866 und Jean B. Estrade von dem gerade erwähnten 4. April 1864; ebenso die Biografen, auf die sich Pater Ravier bezieht, der jedoch ergänzt: »Eine einzige Sache ist wirklich sicher: Bernadettes Bewerbung um Aufnahme ins Noviziat von Nevers ging erst kurz vor dem 28. April 1866 ab. Ein Brief von Mutter Alexandrine Roques [die damalige Oberin in Lourdes] an Mutter Ceyrac [in Nevers] (vom 1. Mai 1866) gibt uns Gewißheit darüber: ›(Bernadette) hat schon damit angefangen, von ihren Pillen zu nehmen. Sie ist glücklich bei dem Gedanken, daß sie anschließend stark genug sein wird, um nach Nevers zu gehen; dorthin richtet sich ihre ganze Sehnsucht, wie sie soeben der Novizenmeisterin versichert hat. Diese hat ihr auch bereits geantwortet und sie beruhigt hinsichtlich aller Ängste, die sie haben könnte.‹ Bedauerlicherweise haben sich bis heute weder Bernadettes Briefe noch die Antwort der Novizenmeisterin Mutter Vauzou wiedergefunden. In Wirklichkeit bleibt für uns der Verlauf von Bernadettes religiöser Berufung, abgesehen von einigen präzisen Tatsachen, noch sehr in Dunkel gehüllt. Man sagt, es habe ein Notizheft

Bernadettes über ihre Berufung gegeben. Père Cros setzte Himmel und Erde in Bewegung, um diese Urkunde wiederzufinden; vergeblich. […] In diesem Schriftchen, das im übrigen übereinstimmt mit den Richtlinien durch Pfarrer Peyramale und Abbé Pomian, bekannte Bernadette, über alle Berufung in eine Ordensgemeinschaft hinaus, ihre persönliche Berufung, nämlich die, die Botschaft von Massabielle in ihrer ganzen Strenge zu leben. […] Bei Erhalt des Briefes von Mutter Vauzou im April 1866 beginnt Bernadette als Postulantin, und als solche gehört sie zur Gemeinschaft der Hospiz-Schwestern. Manchmal hilft sie der Krankenschwester bei der Pflege der Kranken, und sie kümmert sich auch um die kleinen Schulmädchen. Gleichzeitig erweitert sie ihre eigene Bildung. Diese Stellung entsprach damals der Regel, viele Postulantinnen bereiteten sich so im Hause vor.«

Als sie am 15. Juni 1866 an Mutter Ursule Fardes schreibt und, wie Pater Ravier berichtet, »ihr ankündigt, daß sie ›endlich dazu bestimmt ist, einzutreten‹ in die Kongregation der Schwestern von Nevers, bittet sie sie, beim Herrn zu beten, ›damit ich eine fromme Geweihte werde und den Gnaden entspreche, die Gott mir auferlegt hat‹. Wir stellen fest, daß sie sagt, ›die er mir auferlegt‹; oft sagte sie auch ›die er nicht aufhören wird, mir aufzuerlegen‹. Wir spüren aus diesen Zeilen deutlich die Schwere der Gewissensprüfung bei Bernadette, die deutlich von ihren körperlichen und seelischen Leiden getrennt ist und zu der besonders die Angst zählt, nicht der Gnade zu entsprechen, die sie erhalten hat und noch erhalten wird.«

Die Abreise nach Nevers wurde auf Mittwoch, den 4. Juli festgesetzt. Und so war es Bernadette vergönnt, bei der ersten Messe vor der Grotte am 20. Mai 1866 dabei zu sein. Dass darin der Grund lag, warum sie Lourdes nicht eher verlassen konnte, davon bin ich zutiefst überzeugt. Es war das Geschenk des Himmels für sie, ihre Bestätigung, dass sie ihren Auftrag an Pfarrer Peyramale gut ausgeführt hatte. Das drückt auch Jean Barbet aus: »Und am 20. Mai zelebrierte Monsignore Laurence, Bischof von Tarbes, in Gegenwart der Menge seine erste Messe vor der Grotte von Lourdes. Pfarrer Peyramale war da. Bernadette war da. Sie war da, tief bewegt; sie weinte. Das kleine Hirtenmädchen hatte den ihr von der ›Frau vom Rosenbusch‹, ›der über alles schönen Frau‹, von der ›UNBEFLECKTEN EMPFÄNGNIS‹ anvertrauten Auftrag gut zu Ende geführt.«

Jean Barbet gibt, wie gesagt, auch diesen 20. Mai 1866 als den Tag von Bernadettes Entscheidung an: »Von dieser Messe bei der Grotte zurückgekehrt, erklärte Bernadette der Mutter Oberin: ›Meine liebe Mutter, ich habe heute sehr darum gebetet, ob ich Schwester werden und in welchen Orden ich eintreten solle. Nun, ich wäre sehr glücklich, in ihre Kongregation aufgenommen zu werden, wenn das möglich ist. Ich bitte Sie, an den Hochwürdigsten Herrn Bischof von Nevers zu schreiben, dass ich den Wunsch habe, unter dem Schleier jener Schwestern zu leben und zu sterben, die ihm unterstehen.‹ ›Oh, gepriesen sei der Tag!‹ rief die Mutter Oberin aus und umfing Bernadette, während ihr die Tränen kamen und sie damit Bernadettes Gesicht benetzte. ›Seit langem habe ich heimlich mit dir gebetet und ich habe auf diese glückselige Stunde gewartet! … Sicherlich, Bernadette, wir schätzen uns glücklich, dich bei uns aufzunehmen!‹« Und auch wenn dieser Tag als Tag der Entscheidung mit den Recherchen von Pater Ravier nicht übereinstimmt, so spiegelt das Gespräch zwischen Bernadette und der Mutter Oberin dennoch einen wahren Vorgang wider, wann immer er auch stattgefunden haben mag.

Von Lourdes nach Nevers

Am 3. Juli, am Vortag ihrer Abreise nach Nevers, kam Bernadette ein letztes Mal nach Massabielle, um zu beten. Seitdem sie im Hospiz wohnte, konnte sie, wie gesagt, nur noch in Begleitung von zwei Schwestern zur Grotte gehen, doch jedes Mal empfand sie es als ein großes Glück. So war es auch am Abend vor ihrer Abreise, nur war es diesmal ein letztes Mal. Jean Barbet beschreibt, wie äußerst schmerzhaft der Abschied für Bernadette wurde: »Kaum war sie vor dem Felsen angekommen, fiel sie nieder und berührte mit dem Gesicht den Boden. Sie brach in Schluchzen aus und weinte voller Abschiedsschmerz. Ein Aufschrei entrang sich ihrer Brust: ›Oh liebe Mutter! Meine Mutter … Wie ist es möglich, dass ich euch verlassen kann? …‹ Sie versuchte zu beten, aber der Rosenkranz haftete unbeweglich zwischen ihren Händen. Schliesslich erhob sie sich und näherte sich dem Felsen. Sie begab sich genau an jene Stelle in der Felsennische, wo ihr achtzehnmal die ›FRAU‹, ›DIE ÜBER ALLES SCHÖNE FRAU‹, ›DIE UNBEFLECKTE EMPFÄNGNIS‹, erschienen war. Immer wieder und wieder presste sie lange ihre Lippen auf den Felsen, wie wenn sie ihre ganze Seele dortlassen wollte … Dann ging sie langsam, ganz langsam auf ›ihren Platz‹ zurück, kniete nieder und fuhr fort, mit glühenden Blicken die Statue zu betrachten, jene Statue, die nach ihren eigenen Angaben JENE darstellen sollte, die ihr dort erschienen war. Nochmals schossen die Tränen hervor. Schliesslich näherten sich ihr sanft die Schwestern: Sie müsse sich jetzt lösen, zurückziehen. Die Verlängerung dieses Schmerzes könne ihren Tod zur Folge haben. ›Oh, bitte, bitte, lasst mich! … Es ist zum letzten Mal …‹ Die Schwestern sahen sich [nach einigen weiteren Augenblicken] gezwungen, Bernadette von diesem Ort loszureissen und wegzuführen.«

Sie wischte sich die Tränen aus den Augen, warf noch einen letzten Blick auf die Grotte und gestand, wie unsagbar schwer ihr dieser endgültige Abschied fiel: *»Die Grotte war mein Himmel«*, sagte sie.

Nachdem am Vorabend bereits der Abschied von der Grotte so herzzerreißend für Bernadette gewesen war, stand ihr nun am nächsten Morgen der ebenso schmerzhafte Abschied von ihrer geliebten Familie bevor. Jean Barbet schreibt: »Am darauffolgenden Morgen, […] nahm Bernadette von ihrer ganzen Familie Abschied. Als sie unter das väterliche Dach trat, fiel sie ohnmächtig in die Arme ihrer Mutter. Als sie wieder zu sich kam, hielt sie ihre Mutter auf den Knien. Einer nach dem anderen kam, ihr Vater, ihre Brüder, ihre Schwestern und Tanten, umarmten sie und vermengten ihre Tränen mit den ihrigen.« In zärtlichster Weise verabschiedete Bernadette sich von ihnen. Als es Zeit wurde zu gehen, konnte sie nur noch mit gebrochener Stimme immer wieder rufen: »Adieu! … adieu … adieu!« – »Gott befohlen! … Gott befohlen … Gott befohlen!«

In der Hand trug sie neben einem langen rotbraunen Regenschirm eine große hohe Tasche aus grobem Leinen mit gelben, rötlichen und braunen Streifen. Sie reiste gemeinsam mit Léontine Mouret, ihrer Freundin, die ebenfalls Nonne in Nevers werden wollte, und in Begleitung von zwei Schwestern des Hospizes. »Bernadette verläßt Lourdes«, schreibt André Ravier, »und wird nie wieder hierher zurückkehren. Die Bahnlinie führt entlang des Gave, gegenüber liegt Massabielle, Bernadette wirft einen letzten Blick auf die Grotte. Ihre Sendung geht weiter …! Die Ereignisse dieser Reise hat Bernadette in einem Brief zusammengefasst, den sie von Nevers aus an die Schwestern des Hospizes schickte; sie beschrieb darin auch ihre Eindrücke der ersten Tage im Kloster Saint-Gildard: ›Lassen Sie mich erzählen, wie wir diese Reise gemacht haben. Wir sind am Mittwochabend um 6 Uhr in Bordeaux angekommen und blieben dort bis Freitag 1 Uhr. Glauben Sie mir, daß wir die Zeit zu Spaziergängen genutzt haben und sogar in einer Kutsche gefahren sind! Wir durften alle Häuser besichtigen. Ich kann Ihnen sagen, sie sehen nicht so aus wie die von Lourdes, und vor allem die der kaiserlichen Behörden fielen uns auf. Wir haben die Kirche von Carmes angeschaut und sind von da aus in Richtung Garonne gelaufen, um die Schiffe zu sehen. Dann waren wir noch im botanischen Garten; ich kann Ihnen sagen, daß wir viel Neues gesehen haben. Wissen sie was? Rote, schwarze, weiße und graue Fische, am schönsten fand ich die kleinen Tiere, die umherschwammen, und eine Gruppe kleiner Jungen, die sie beobachteten. In dieser Nacht schliefen wir in Périgueux. Am darauffolgenden Tag reisten wir um sieben Uhr am Morgen weiter und kamen gegen halb elf am Abend in Nevers an. Zu dieser späten Stunde schlief das Kloster Saint-Gildard bereits, aber einige Schwestern waren auf, um die neuen Ankömmlinge zu den Schlafstellen zu führen.‹«

Am Sonntag, dem 8. Juli, »am Tag nach ihrer Ankunft in Saint-Gildard, gab Bernadette, gekleidet in ihrer pyrenäischen Tracht, vor 300 Schwestern, die alle versammelt waren, um ihr zuzuhören, einen Bericht über die Erscheinungen. Was für eine Qual für sie, zu solch einer Menge zu sprechen! ... Der Bericht endete, Bernadette, die Botin, verschwand im Hintergrund. [...] Fortan wurde Bernadette, die Botin von Lourdes, in Nevers eine Zeugin der Nächstenliebe.« So lauten die Worte in der kleinen Broschüre aus Saint-Gildard. Pater Ravier berichtet weiter aus dem Brief Bernadettes: »Die Postulantin sollte nicht mehr darüber sprechen, und keine Schwester sollte sie darüber befragen. Diese Vorschrift war eindeutig, und Bernadette war mit dieser Entscheidung ihrer neuen Vorgesetzten einverstanden. ›Ich bin hierher gekommen, um mich zu verbergen‹, wiederholte sie immer wieder. Es dauerte lange, bis sie sich an die Stille und Anonymität dieses Klosters gewöhnt hatte. [...] Am Sonntag, dem 8. Juli, regnete es den ganzen Tag: ›Ich muß Ihnen sagen‹, erzählt Bernadette den Schwestern in Nevers, ›daß Léontine (Léontine Mouret) und ich den ganzen Sonntag vor Kummer geweint haben!‹ Aber Bernadette ist kein Mädchen, das im Kummer untergeht: ›Ich versichere Ihnen, daß es mir im Augenblick ein viel größeres Opfer wäre, unser Noviziat zu verlassen. Man hat das Gefühl, es ist das Haus Gottes, man muß es lieben!‹ Während dieser ersten Tage ist ihr Herz schwer, sie geht, ›um es vor Unserer Lieben Frau von den Wassern‹, die am Ende des Gartens stand, auszuschütten‹. In dieser Madonna fand sie eine Ähnlichkeit mit der ›Dame‹ von Massabielle.«

»Die Grotte war mein Himmel«

Der Benediktinermönch Dom Bernard Billet hat im Lourdes Magazine von 2003 einen schönen Artikel mit der Überschrift »Bernadette erinnert sich an ihre geliebte Grotte« veröffentlicht, aus dem ich die folgenden Passagen zitiere.

»Vor ihrer Abreise nach Nevers schrieb Bernadette ihr ›Tagebuch für die Königin des Himmels‹ (Mai 1866): ›*Wie glücklich war meine Seele, oh gute Mutter, als ich das Glück hatte, dich zu schauen! Wie gern erinnere ich mich an jene lieblichen Augenblicke, die ich unter deinem Blick verbracht habe, der voller Güte und Barmherzigkeit für uns ist. Ja, zärtliche Mutter, du hast dich bis zur Erde geneigt und bist einem schwachen Kind erschienen ... Gib, oh zärtliche Mutter, dass dein Kind dich in allem nachahmt! Mit einem Wort, dass ich ein*

Kind nach deinem Herzen und nach dem Herzen deines lieben Sohnes bin … Oh Maria, gib der, die wagt, sich dein Kind zu nennen, diese wertvolle Tugend der Demut. Du weißt, dass es mein Glück wäre, mich dem Ordensstand zu widmen, um dir und deinem Sohne besser dienen zu können. Ich stelle alle meine Vorhaben unter deinen heiligen Schutz …‹. […] Bernadette wurde dann [nach ihrem Bericht vor den 300 Schwestern] Schwester Emilienne Duboé, einer Landsfrau, anvertraut, die sie in den ersten Tagen in alles einführte. Bernadette sagte ihr: ›Wenn du wüsstest, was ich dort gesehen habe!‹ In ihrer Gesellschaft entdeckte sie im Klostergarten die kleine Statue Unserer Lieben Frau von den Wassern, die sie an das Gesicht von ›*Aquerò*‹ erinnerte. Jeden Tag pilgerte sie zu dieser Statue, deren Umgebung sie an ihre geliebte Grotte von Massabielle erinnerte. So konnte sie sagen: ›*Jeden Tag gehe ich im Geist zur Grotte.*‹ Schwester Vincent Garros, eine andere Landsfrau, die damals Postulantin war, begegnete Bernadette auf der Krankenstation. Sie zeigte ihr ein Foto von der Grotte, das sie immer in ihrem Messbuch trug. ›*Ach ja! Das ist wirklich die Grotte! Ich erkenne sie!*‹ Etwas später kam Mutter Vauzou, die Novizenmeisterin dazu: ›*Zeigen Sie das bloß nicht Bernadette!*‹ ›Aber meine gute Mutter, das habe ich schon getan!‹ ›*Die Warnung kam zu spät!*‹ schloss die Betroffene, die sich das Lachen nicht verkneifen konnte, als sie von dieser Unterhaltung erfuhr. Als Bernadette in Nevers die Pappeln und die Wiese entdeckte, die damals vor der Küche standen, konnte sie nicht umhin, Schwester Bernard Dalias zu sagen, die ebenfalls aus den Pyrenäen stammte, wie sehr sie dieser Anblick an den Gave und die Grotte erinnerte …

Auch nach ihrer Ordensprofess am 30. Oktober 1867 hat Bernadette, die nun Schwester Marie-Bernard geworden war, ihre Vergangenheit nicht vergessen. […] jede Neuigkeit von ihrer geliebten Grotte interessierte sie stets. Zwei Postulantinnen, die 1870 aus Lourdes nach Nevers gekommen waren, zeigten ihr Fotos von der Grotte. Ihr einziger Kommentar: ›*Wie die Pappeln gewachsen sind, seitdem ich nicht mehr dort bin!*‹ […] Sie wäre gern ›*wie ein kleiner Vogel, um die Grotte sehen zu können, ohne selbst gesehen zu werden*‹. Dann würde sie ›*morgens und abends*‹ hingehen … Ein andermal stellte sie sich vor, dass sie sich notfalls ›*in einem Ballon zur Grotte tragen lassen könnte*‹! […] Im Juli 1875 war sie recht krank und musste das Bett hüten. Und als eine Schwester über eine eventuelle Reise nach Lourdes sprach, antwortete sie: ›*Es wäre ein großes Opfer für mich, nach Lourdes zurückzukehren.*‹ Was hätte sie im Übrigen dort zu suchen? ›*Mein Auftrag in Lourdes ist beendet*‹, erklärte sie. Ein Jahr später, am 30. Juni 1876, gab sie dieselbe Antwort. Bischof de Ladoue von Nevers musste nach Lourdes reisen und kam zu Schwester Marie-Bernard auf die Krankenstation: ›*Würden Sie gern mit nach Lourdes gehen?*‹ ›Oh nein, Herr Bischof! Ich bin lieber in meinem Bett!‹ antwortete sie. Dort erfüllte sie wenigstens ihre ›*Arbeit als Kranke*‹ … Doch bis zum Schluss ging Schwester Marie-Bernard im Geist zu ihrer geliebten Grotte von Massabielle.«

Ihre Verbindung zur Grotte hielt sie auch über die Briefe aufrecht, die sie an ihre Vertrauten nach Lourdes schrieb, wie André Ravier berichtet: »Kaum angekommen im Noviziat, schreibt sie am 20. Juli 1866 an die Schwestern im Hospiz: ›*Ich bitte Sie, so gut sein zu wollen, ein paar Gebete für mich in dieser Meinung darzubringen, und besonders, wenn Sie zur Grotte gehen. Dort werden Sie mich im Geiste finden, gefesselt an den Felsen, den ich so sehr liebe.*‹ Diese Formel sollte ihr noch oft aus der Feder fließen. […] Die Worte von Schwester Marie-Bernard über die Grotte sind nicht zu zählen. Eines der zartesten ist zweifellos jenes, das Schwester Marcelline Lanessan wiedergibt. Ein weiteres Mal hat die Schwester Bernadette gefragt, ob sie gerne nach Lourdes zurückkehren möchte: ›*Nein*‹, soll sie gesagt haben, ›*man würde die Heilige Jungfrau verlassen, um mir nachzufolgen. Beten Sie für mich in der Grotte.*‹ Bernadette war immer besorgt, vor der Heiligen Jungfrau bescheiden in den Hintergrund zu treten, so wie Maria ihrerseits immer besorgt war, keine Abschirmung für Jesus Christus darzustellen.«

Ernest Guynot gibt drei Erzählungen von Bernadettes Mitschwestern wieder, die ihre unerfüllbare Sehnsucht nach der Grotte ausdrücken. »*Mutter Valentine* berichtet uns: ›Ich war acht Tage in Saint-Gildard, als meine Oberin aus Clermont kam und mich fragte: ›Haben Sie Bernadette schon gesehen?‹ Sie führte mich in die Krankenabteilung. Dort lag sie ausgeruht und lächelte. [...] Dann erzählte Bernadette, daß sie anfangs großes Heimweh gehabt hätte: ›Wenn ich einen Brief von zu Hause bekam, öffnete ich ihn erst, nachdem ich allein war, denn ich war unfähig, ihn zu lesen, ohne Tränen zu vergießen.‹ Die Oberin fragte: ›Liebe Schwester Marie-Bernard, wissen Sie, daß sich in Lourdes großartige Dinge ereignen?‹ Da erhob sie ihre Augen zum Himmel, breitete die Arme aus, faltete dann die Hände wie der Priester bei der heiligen Messe am Altar und sagte leise nur das einzige Wort: ›Opfer!‹ Dieses Fernsein von Lourdes war das Opfer, das sie jeden Tag neu brachte. Ich möchte sagen, dies war *Bernadettes* Messe. Es war schmerzlich für sie, darüber zu reden. Mutter Oberin hatte dies wohl empfunden, denn sie brach das Gespräch ab.‹«

»Die Novizinnen von Saint-Gildard haben den schönen Brauch, am Anfang der Erholungsstunde ein Marienlied zu singen. Sie stehen dabei im Halbkreis um die schöne Muttergottesstatue ›Maria vom Siege‹. [...] An einem Abend, als das Lied eben verklungen war, näherte Bernadette sich der Chorleiterin, Schwester *Bernard Dalias* und sagte leise: ›Liebe Schwester, ich würde mich sehr freuen, wenn Sie manchmal singen ließen: Ich werde sie sehen, die geliebte Mutter.‹ Die erste Strophe dieses Liedes schien eigens für Bernadette gedichtet worden zu sein. Sie lautet: ›*Ich werde sie sehen, die geliebte Mutter. Diese süße Hoffnung läßt mein Herz höher schlagen. Maria ist so schön und gut. Sie wiederzusehen, wäre mein höchstes Glück.*‹ Schwester Bernard versprach, es zweimal in der Woche singen zu lassen. Bernadette weinte vor Freude; sie lebte eben ganz in der Erinnerung an Lourdes und an die Heilige Jungfrau.«

Nachdem Schwester Bernard Dalias nach ihrer Profess in ein Kloster in der Nähe versetzt worden war, kam sie jeden Donnerstag nach Nevers, um Bernadette zu besuchen. »Eines Tages«, schreibt Ernest Guynot, »kam Schwester Bernard wieder zu Bernadette und fand sie in Tränen aufgelöst. Was war geschehen? Die Novizenmeisterin, Mutter Marie-Thérèse Vauzou, war im Begriff, nach Lourdes und in die Pyrenäen zu reisen. Sie hatte dies Bernadette mitteilen lassen und ließ zugleich fragen, ob sie sich freuen würde, Lourdes wiederzusehen. Welche Frage! Natürlich hatte sie den glühenden Wunsch, die Grotte wiederzusehen und sich an der Stelle niederzuknien, wo sie achtzehnmal die Freuden des Paradieses gekostet hatte. Jedoch antwortete sie: ›Ja, aber unter einer Bedingung: Wenn ich allein in der Grotte sein könnte, versteckt wie ein kleiner Vogel in einem Baum oder zwischen den Felsen.‹ Bei dem Zustrom der Pilger den Blicken der Neugierigen und Bewunderer ausgesetzt zu sein, war ihr ein unerträglicher Gedanke. Sie hatte ein verborgenes Leben gelobt, und nichts konnte sie ins Wanken bringen. Es war ein heroischer, wenn auch schmerzlicher Entschluß. Auf eine ähnliche Frage eines jungen Priesters hatte sie ganz energisch geantwortet: ›Mein Platz ist hier!‹, so daß dieser ganz betroffen war. Und zu einer jungen Postulantin sagte sie: ›Es wäre für mich ein großes Opfer, nach Lourdes zurückzukehren.‹ Der kleine Vogel blieb also in Nevers.«

Obwohl die Grotte von Massabielle weiterhin Bernadettes geheimer Sehnsuchtsort blieb, wurde aber auch Saint-Gildard zu ihrer Heimat. Sie gehörten zusammen und ergänzten einander. Denn, was in Massabielle begann – ihr Auftrag, für die Sünder zu beten und für sie Buße zu tun –, vollendete sich in Nevers, wie es in ihren Äußerungen und besonders in ihren geistlichen Notizen deutlich wird. Wie einfach und liebevoll Bernadette diese Einheit zum Ausdruck brachte, zeigen die folgenden Worte der Schwester Philomene Tourré, die mit der Einweisung der Postulantin Bernadette in die Regeln des Noviziats beauftragt war und die Pater Ravier folgendermaßen zitiert: »›Eines Tages […] sammelte Bernadette drei kleine Steine im Hof auf: ›Hier sind meine Kameraden, die ich liebe‹, sagte sie und zeigte mir die Steine. Auf den einen schrieb sie Lourdes, auf den zweiten Grotte, auf den anderen Nevers-Mutterhaus. ›Das freute mich sehr, und ich erinnere mich gerne daran.‹«

Bernadette in Saint-Gildard

Bernadette lebte als Schwester Marie-Bernard insgesamt dreizehn Jahre, vom 7. Juli 1866 bis zum 16. April 1879, im Kloster Saint-Gildard. Es war eine Zeit, in der sie versuchte, den göttlichen Gnaden, die sie an der Grotte erhalten hatte, zu entsprechen und in Liebe den Weg der Kreuzesnachfolge Jesu Christi zu gehen, zu der Er sie berufen hatte. Die Gedanken dazu, die Schwester Marie-Bernard in den Jahren 1873 bis 1875 in ihr persönliches Notizbuch eingetragen hat, erlauben uns einen tiefen Einblick in ihre Seele. Die darin enthaltenen Sätze und längeren Abschnitte sind zum Teil ihre eigenen Formulierungen, zum Teil stammen sie aus Exerzitien und zum Teil hat Bernadette sie irgendwo abgeschrieben. Doch allen ist gemeinsam, dass sie den Bedürfnissen ihrer Seele entsprachen, sie stärkten, ihr Verständnis erweiterten, sie erleuchteten und ihr halfen, indem sie sich selbst in ihnen wiederfand. Und manchmal schrieb sie nach einem solchen Text eine zusätzliche Anmerkung, die aus der Tiefe ihres Herzens kam. So beschreibt André Ravier, der das »Carnet« bearbeitet hat, im Vorwort den Inhalt dieser Notizen und fährt fort: »Diese Aufzeichnungen machen die großen geistigen Richtungen von Schwester Marie-Bernard ziemlich deutlich: die ganz besondere und persönliche leidenschaftliche Liebe zu Jesus, und zwar den gekreuzigten Jesus. Es ist eine ausschließliche Liebe, die, wenn sie aufrichtig sein soll, ein völliges Sich-Schenken fordert, eine Opferbereitschaft, ein Gleichwerden; in manchen Aufzeichnungen erscheint, aber ohne besonderen Nachdruck und so, als ob es theologisch am richtigen Platz wäre, das Wort ›Opfer‹.« So sagte Bernadette öfter: »Ich muss mich opfern, Kranksein ist meine Aufgabe.«

Wie bereits in Lourdes war ihr Leben auch in Nevers mehr oder weniger ernsten gesundheitlichen Schwankungen ausgesetzt, bis zu ihrer schweren Krankheit, die letztendlich zu ihrem Tod führte. Die körperlichen Leiden machten ihr jedoch nicht so sehr zu schaffen, wie der Schmerz im Innern ihrer Seele, den erhaltenen Gnaden nicht zu entsprechen. André Ravier schreibt: »In Nevers vergrößert sich dieser heimliche Seelenschmerz Bernadettes, die inzwischen zur Schwester Marie-Bernard wurde, noch mehr, so daß uns ihre Aussage [den Gnaden nicht zu entsprechen, die sie erhalten hat] klarer wird. Am 21. August 1866 empfängt sie ihr Ordenskleid von Bischof Laurence von Tarbes. *›Ich brauche die Hilfe und Gnade, um den zahlreichen Wohltaten, die ich vom Herrn erhalten habe, zu entsprechen … Ich fühle mehr und mehr meine Ohnmacht, vor allem, seitdem ich das Glück hatte, Träger dieses geweihten Gewandes und des schönen und mir teuren Namens Marie-Bernard zu sein, was mir große Aufgaben stellt.‹*

Hier beginnt sich zu klären, warum Bernadette fürchtete, nicht den Gnaden ihres Herrn zu entsprechen. Bernadette ist eine Arme, eine aufrichtige Arme, eine Arme, die sich arm fühlt. Alles, was ihr widerfährt, ist ein Geschenk. ›Ich rechne auf Ihr großes Mitgefühl‹, schreibt sie am 3. September 1866 an Mutter Ceyrac, ›und das Ihrer geliebten Schwestern, um den zahlreichen Gnaden zu entsprechen, die ich vom Herrn erhalten habe.‹ 1873 kann man, soweit das aus den vorhandenen Dokumenten ersichtlich ist, feststellen, daß Schwester Marie-Bernard weitere geistige Prüfungen über sich ergehen lassen muß, gleichzeitig wird sie erneut durch ihre Krankheit geprüft. Ihre Kusine Lucile Pène weiß, daß sie sehr krank ist, und schreibt an die Familie, sie möge für Bernadette beten. *›Ich danke Dir‹*, antwortet Schwester Marie-Bernard, *›ebenso wie Deinen lieben Eltern für Eure Gebete für mich; betet weniger für meine arme Seele; bittet unseren Herrn, daß ich eine Gläubige nach seinem Herzen werde. Ich werde immer gesund genug sein, aber niemals genug Liebe für meinen Herrn haben.‹«*

Bereits am 14. August 1866 lag Bernadette in Saint-Gildard auf der Krankenstation und ab Anfang September konnte sie nicht mehr aufstehen. Am 25. Oktober erbrach sie soviel Blut, dass die Schwestern um ihr Leben fürchteten. Der in Eile herbeigerufene Arzt erklärte sie für verloren. Bischof Forcade wurde herbeigerufen und erteilte Bernadette zum zweiten Mal in ihrem Leben die Krankensalbung. Dann schlug er ihr vor, ohne Zögern den Schleier anzunehmen. (Ablegung der Profess in Todesgefahr – in articulo mortis) Mit nach oben gerichteten Augen und einem schwachen Kopfnicken stimmte Bernadette zu. Der Bischof sprach die Gelübde für sie und Bernadette antwortete mit: »*Amen!*« Nach dieser Zeremonie schlief sie ein.

Danach ging es ihr langsam wieder besser, doch ihr Gesundheitszustand blieb weiterhin instabil, so dass

Bernadette einige Zeit von allen Ordensverpflichtungen befreit werden musste. Erst im Februar 1867 nahm sie das Noviziat teilweise wieder auf. Am 30. Oktober 1867 legte sie zusammen mit ihren 43 Mitschwestern ihre Ordensprofess ab, die jährlich erneuert werden musste. Am Ende dieser Zeremonie wurden die jungen Schwestern, wie es üblich war, vom Bischof und der Generaloberin einem der Häuser der Kongregation zugeteilt und mussten abreisen. Wie ihre Gefährtinnen wäre auch Bernadette gerne woanders hingesandt worden, um sich um die Kranken und Armen zu kümmern. Da ihre Gesundheit ihr dies jedoch nicht erlaubte, entschied die Generaloberin im Einvernehmen mit Bischof Forcade, Schwester Marie-Bernard als Hilfskrankenschwester im Mutterhaus zu behalten. Das entsprach den Worten, die die Generaloberin bereits im Jahre 1863 zu Bischof Forcade nach seiner Bitte, Bernadette im Kloster der Schwestern der Nächstenliebe und der christlichen Erziehung in Nevers aufzunehmen, geäußert hatte: »Monseigneur, sie ist zu nichts gut … Wenn Sie es wünschen, können wir sie aus Barmherzigkeit im Mutterhaus behalten und irgendwo anstellen, auf der Krankenstation, in der Wäscherei oder in der Apotheke.« Bernadette, die nach ihren eigenen Überlegungen bereits im Hospiz für sich selbst erkannt hatte, dass sie, vor allem aufgrund ihrer mangelnden Gesundheit, zu nichts gut war und damit dasselbe von sich dachte wie die Generaloberin von ihr, wusste, dass sie nur aus Barmherzigkeit in das Kloster der Schwestern in Nevers aufgenommen worden war. Dafür blieb sie ihr Leben lang dankbar und obwohl sie in Saint-Gildard geliebt und verehrt wurde und wertvolle Dienste verrichtete, sollte sich ihr schmerzendes Grundgefühl, trotz aller inneren Qualifikationen untauglich für einen richtigen Beruf zu sein, wie die anderen Schwestern ihn ausübten, bei ihr nicht ändern.

Das zeigt auch der Bericht von Ernest Guynot: »Auf Wunsch der Schwestern vom Kinderasyl machte Bernadette auch bei ihnen Besuch. Sie kam in Begleitung der Generaloberin und ihrer Sekretärin, der Schwester Eléonore Cassagnes, einer Freundin Bernadettes. Sie machten den Weg zu Fuß von Saint-Gildard ins Viertel ›de la Barre‹, es waren etwa zwanzig Minuten zu laufen. Durch die Lindenallee im Park kamen sie zum Kinderasyl und wurden in die Säle geführt. Der Unterrichtsminister wäre nicht mit solchem Jubel empfangen worden. Die Kinder umdrängten Bernadette. Es war Osterzeit. Sie empfingen aus ihrer Hand Ostereier, die sie selbst [!] verziert hatte. Die Kinder hingen an ihren Blicken und waren von ihr bezaubert. Sie nickten ernsthaft, als Bernadette sagte: ›Betet zur lieben Muttergottes, sie wird euch beschützen!‹ Als sie fortgegangen war, sagten sie: ›Bernadette möchten wir als Lehrerin haben.‹ Dazu war aber ihre Gesundheit zu schwach, auch besaß sie kein Diplom, sonst aber alles, was notwendig war: Intelligenz, einen klaren Geist, eine gute Ausdrucksweise und natürliche Autorität. Sie selbst wäre gern Kinderschwester im Asyl geworden. Doch sagte sie: ›Es ist wahr, ich tauge bloß dazu, die Asche in Saint-Gildard auszukehren.‹«

»Diese Worte von Bischof Forcade wiederholte sie öfters«, schreibt Ernest Guynot. »Bernadette hing sehr an ihrer Familie, sie hatte aber auch eine starke innere Bindung an ihre Klostergemeinschaft in Nevers. [...] Sie war überzeugt, daß man sie aus reinem Mitleid aufgenommen hatte und daß sie nur eine Last für das Haus war. Wenn ihr junge Profeßschwestern adieu sagten, bevor sie ihren neuen Posten antraten, sagte sie häufig: ›Wie glücklich seid ihr, daß ihr arbeiten könnt. Ich tauge zu nichts weiter als nur die Asche in der Küche aufzuräumen. Man war sehr gut zu mir, da man mich aufgenommen hat.‹« Bernadettes Sehnsucht nach einem richtigen Beruf, wie ihn die anderen Schwestern hatten, konnte im Kloster zwar aufgrund ihrer schwachen Gesundheit nicht erfüllt werden, was ihr großen Schmerz bereitete, doch gleichzeitig wurde Bernadette durch ihre schwache Gesundheit auf den ihr vorgezeichneten Weg der liebenden Kreuzesnachfolge Christi geführt. Und je kränker sie wurde, desto mehr gelang es ihr, diesen Weg im wahrsten Sinne des Wortes als ihre »Berufung« anzusehen. Und so konnte sie in ihren letzten Jahren ernst und gleichzeitig humorvoll sagen: »Kranksein ist mein Beruf«.

Schwester Marie-Bernard und Mutter Josephine Imbert

Damit komme ich zu einer näheren Betrachtung der Vorgesetzten Bernadettes, der Generaloberin Mutter Josephine Imbert und der Novizenmeisterin Mutter Marie-Thérèse Vauzou, die mit den sich hartnäckig haltenden Gerüchten verbunden werden, dass Bernadettes Leben im Kloster nur ein Leidensweg war, da beide Vorgesetzten sie sehr gedemütigt hätten und sie unter ihnen gelitten habe. Diese Gerüchte haben jedoch mit der Wahrheit wenig zu tun, wie es die weiteren Ausführungen zeigen werden. Gelitten hat Bernadette jedoch sehr an den Quälereien durch die Geschichtsschreiber, die es sogar bis kurz vor ihrem Tod nicht lassen konnten, sie immer wieder zu den Erscheinungen zu befragen, obwohl die kirchliche Kommission bereits alles geprüft hatte.

»Jeder, der das Leben im Noviziat kennt«, schreibt Pater Ravier, »wird keineswegs erstaunt sein, Strenge, Strafpredigten, ja sogar Demütigungen in der Ausbildung von Schwester Marie-Bernard zu finden. Die Frage aber ist, ob Mutter Imbert und Mutter Vauzou in dieser Hinsicht zu streng verfahren sind.« Doch: »Die Strenge der Mütter von Nevers gegenüber Bernadette ist nicht auf sie, sondern auf Pfarrer Peyramale zurückzuführen, der den Schwestern empfohlen hatte, darauf zu achten, daß Bernadette nicht durch Hochmut verdorben würde.« Waren die beiden Mütter also zusätzlich zu den ohnehin schon strengen Regeln im Kloster sozusagen »gezwungen«, Bernadette gegenüber besonders hart zu sein? Möglich wäre es. Das könnten die Worte bestätigen, die Ernest Guynot gegen Ende seines Büchleins schreibt: »Zwei Tage vor ihrem Tod sagte Mutter Marie-Thérèse zu Mutter Henri Fabre: ›Gott hat es zugelassen, daß Mutter Josephine und ich streng mit Schwester Marie-Bernard waren, damit sie die Demut bewahrt.‹«

Ich möchte mit meinen folgenden Ausführungen versuchen, zunächst dem Verhältnis zwischen Schwester Marie-Bernard und der Mutter Generaloberin etwas näher zu kommen. Dazu gab Ernest Guynot mir die Anregung: »Mutter Josephine besaß ein gütiges Herz und ein vornehmes Wesen, doch hatte sie Bernadette immer mit ein wenig kühler Reserve behandelt.« Diese Reserviertheit ihr gegenüber war bereits deutlich geworden, als Bischof Forcade 1863 die Mutter Generaloberin darum ersucht hatte, Bernadette in ihre Kongregation aufzunehmen. Nur widerwillig hatte sie seiner Bitte entsprochen, da sie zum einen fürchtete, Bernadettes Berühmtheit wäre dem Klosterleben abträglich und zum andern wegen der schwachen Gesundheit der neuen Novizin. Doch je mehr sie Bernadette in ihrer Frömmigkeit und liebenswerten Art erlebte, die das Leben der Schwestern im Mutterhaus bereicherte, umso mehr schwanden ihre Vorurteile.

Bernadette, die dankbar dafür war, dass man sie überhaupt aufgenommen hatte, hegte Mutter Josephine Imbert von Anfang an gegenüber keinerlei Groll. Das wird in dem folgenden Dialog, den eine Mitschwester mit Bernadette führte, deutlich. Pater Ravier schreibt: »Ihre Reaktion war natürlich, mutig: ›Ich ging mit ihr‹, erzählte eine Schwester, ›vom Noviziatssaal auf die Krankenstation, wo ich seit einigen Tagen war, dort trafen wir unsere Generaloberin, die uns zweifellos prüfen wollte und uns als ›unnütze Personen …‹ bezeichnete. Ich fing an zu weinen. ›Sie weinen wegen einer solchen Kleinigkeit‹, sagte meine Begleiterin, ›Oh, trösten Sie sich!‹«

Diese Reaktion macht deutlich, dass Bernadette solche Äußerungen der Generaloberin nicht persönlich nahm, sondern sie unter dem Blickwinkel der klösterlichen Erziehungspraxis betrachtete, ohne das Vertrauen zu verlieren, dass sie ihrer Mutter im Kloster ebenso entgegenbrachte wie ihrer eigenen Mutter, die sie nach der zweiten Erscheinung beim Müller Nicolau aufs Heftigste beschimpft hatte. Das zeigt auch der Brief, den Schwester Marie-Bernard am 15. Mai 1870 an Mutter Josephine nach Rom schrieb, die sich seit dem 26. März dort aufhielt, um die neuen Regeln der Kongregation vorzulegen und beglaubigen zu lassen und erst am 7. Juli wieder in Nevers war. Pater Ravier gibt ihn wieder: »›*Seit langem empfindet mein Herz den Wunsch, Ihnen zu schreiben, aber seit Ihrer Abreise fühlte ich mich fast immer schlecht oder war sehr mit unseren lieben Kranken beschäftigt …* [Bernadette hatte ab 20. April 1870 die Verantwortung für die Krankenstation übernommen.] *Ich selbst bekam noch eine Entzündung, einen Abzeß im Mund, der mir sehr weh tat. Ich stehe aber inzwischen wieder auf, obwohl der Mund noch ein wenig weh tut. Ich ertrage alle diese kleinen Leiden und Opfer, die mir der liebe Gott auferlegt hat, so wie Sie es wünschen … Ich vergesse auch nie, alle Menschen, denen Sie mich gütigst empfohlen haben, in meine Gebete einzuschließen. Dies tue ich ganz besonders während der Kommunion und versuche damit meine Schuld zu begleichen. Ich fühle meine Seele erfüllt von Kraft und Vertrauen, aber nicht ich bin es, die betet, sondern Jesus betet in mir. Ich bete ganz besonders für den Erfolg des Konzils, der Kongregation, für unseren Heiligen Vater, den Papst.‹«*

An diesen Worten Bernadettes können wir deutlich erkennen, dass sie ebenso gehorsam die Befehle befolgte, die sie von Mutter Josephine erhalten hatte, wie sie auch die Befehle ihrer leiblichen Mutter stets befolgt hatte. Gehorsam war für sie von klein auf so selbstverständlich, wie er nur sein kann, wenn er als innere Tugend in einem Menschen angelegt ist. Bernadette empfand ihn als ein Befolgen des Willens Gottes. Deshalb fiel es ihr auch leicht, im wahren klösterlichen Gehorsam zu leben und auch die strengsten Regeln des Klosters widerspruchslos zu befolgen, wodurch sie für die Novizinnen zu einem Vorbild an Gehorsam wurde, wie eine Schwester betonte.

Das zeigt auch die von Ernest Guynot wiedergegebene Erzählung von Schwester *Eudoxia Chatelain*, die als Kranke während der Zeit, als Bernadette auf der Krankenstation arbeitete, ohne um Erlaubnis zu fragen, wie es die Ordensregel vorschrieb, ihr Krankenzimmer verlassen hatte: »›In der Zwischenzeit kam Schwester Marie-Bernard in unser Krankenzimmer. Als sie von meinem Streich hörte, sei sie wieder gegangen, erzählte Schwester Laurentia. Sie sei wegen meines Ungehorsams schmerzlich berührt gewesen und wollte vermeiden, mich zu sehen. Ich war niedergeschmettert. Ich hatte ihr wehgetan, die ich so sehr liebte. Nun suchte ich sie in den anderen Krankenzimmern und wartete auf den Gang. Als sie kam, merkte ich sogleich an ihrem Gesichtsausdruck, wie sehr die Sache sie schmerzte. [...] Dann, nach einer Pause und in noch ernsterem Ton: ›Sie bereiten sich schlecht auf ihr Ordensleben vor, wenn sie nicht gehorchen wollen. Das ganze Leben im Kloster besteht im Gehorsam. Und im Gehorsam liegt das Glück, nicht anderswo. Nur durch Gehorchen werden Sie glücklich werden.‹ Ich sah sie bittend an und fragte: ›Liebe Schwester, was soll ich tun?‹ Bei dieser Frage entspannten sich ihre Züge. Sie hatte zwar ohne Erregung gesprochen, doch schmerzlich bewegt. Sie war wohl glücklich, dass ich mich nun fügen wollte. Ihr Gesicht war wieder ruhig und gütig. Sie antwortete mir: ›Sie müssen sich wieder hinlegen.‹ Dies fiel mir sehr schwer, aber ich gehorchte. [...] Diese Erinnerung an Bernadette ist mir am teuersten. Ihr Wort aber »*Nur im Gehorsam werden sie glücklich werden!*« möchte ich hinausschreien, daß die ganze Welt es hört.‹«

Schwester Marie-Bernard und ihre Familie in Lourdes

Bevor wir uns Schwester Marie-Bernard innerhalb ihrer klösterlichen Familie in Saint-Gildard nähern, möchte ich zunächst einen kleinen Ausschnitt aus den Briefen wiedergeben, die Bernadette an ihre Familie in Lourdes schrieb. Denn diese Briefe gestatten uns einen weiteren Einblick in ihr Seelenleben, wie André Ravier es schildert:

»Kaum ist Schwester Marie-Bernard in Saint-Gildard, als sie ihre Mutter verliert. Louise starb am 8. Dezember 1866, während in der Krypta der Basilika von Lourdes zum ersten Mal die Vesper von der Unbefleckten Empfängnis gesungen wurde. Sie war 41 Jahre alt. Schwester Marie-Bernard hörte diese Nachricht am 10. Dezember. Am 2. Januar schreibt sie an ihren Vertrauten, Abbé Pomian: ›*Ich hätte nie geglaubt, daß ein solch schwerer Schlag mein Herz so früh treffen könnte; ich kann Ihnen mein Leid nicht beschreiben, das ich fühle, als ich so plötzlich vom Tod meiner Mutter hörte: ich hörte zuerst von ihrem Tod, und dann erst von ihrer Krankheit ... Es gelang mir, dieses schmerzliche Opfer dem lieben Gott und seiner heiligen Mutter anzubieten und ich kniete vor ihrem Altar nieder, um für die Ruhe ihrer*

Seele und um Beistand für meine übrige Familie zu bitten. Hier war es auch, daß ich unseren göttlichen Herrn gebeten habe, mir die notwendige Kraft zu geben, dieses Kreuz, das er mir auferlegt hatte, mutig zu tragen.‹ [...]

Am 4. März 1871 [dem 13. Jahrestag der Erscheinung am 4. März 1858] starb François Soubirous, nachdem er sich eben vorgenommen hatte, seine geliebte Tochter in Nevers zu besuchen. Am 9. März tröstet Schwester Marie-Bernard ihre Schwester Toinette [die einen Monat zuvor ihr erstes Kind aus der Ehe mit Joseph Sabathé verloren hat]: ›*Es war der Wunsch Gottes, uns zu nehmen, was uns das Teuerste auf dieser Welt war, unseren teuren und geliebten Vater. Ich werde mit Dir weinen, wir sollten trotzdem gehorsam und ergeben bleiben, obwohl wir betrübt sind, daß diese väterliche Hand uns so grausam genommen wurde. Tragen wir das Kreuz, das uns unser lieber Herr Jesus auferlegt, bitten wir ihn ebenso wie die Heilige Jungfrau, uns Kraft und Mut zu geben, um es nach ihrem Beispiel zu tragen und uns den Mut nicht zu nehmen.‹* Tante Lucile, die jüngste ihrer Tanten, die Bernadette am nächsten stand, starb auf einer Wanderung am 16. März. Im Hause von Toinette machte die Gesundheit des kleinen Bernard, im Alter von 9 Monaten, auch große Sorgen (er starb am 29. August). Schwester Marie-Bernard schreibt an den elfjährigen Pierre [Bernard-Pierre], ihren Bruder und ihr Patenkind, der [nach dem Tod seines Vater] im Seminar von Garaison erzogen wird: ›*Du hast zweifellos sehr gelitten unter dem Verlust unseres geliebten Vaters, der uns so früh weggenommen wurde. Du hast das Glück gehabt, ihn noch einige Tage vor seinem Tod zu sehen: Welcher Trost für Dich und unseren armen Vater. Ich habe dem lieben Gott dafür zu danken. Erweise auch Du ihm Deinen Dank, daß er es ihm ermöglichte, die Sterbesakramente zu empfangen. Wir beten viel, mein lieber Pierre, für den Frieden seiner Seele, für den unserer armen Mutter und unserer lieben Tante Lucile, die der liebe Gott auch zu sich gerufen hat. Vergiß nicht, für unsere gute Schwester Marie zu beten, die jetzt die Kraft und die Gesundheit braucht, um für den kleinen Jungen zu sorgen. Ihr Mutterherz hat den Verlust ihrer kleinen Bernadette* [ihr erstes Kind hatte den Namen seiner Tante erhalten] *ertragen müssen.*‹«

An dieser Stelle möchte ich einfügen, was André Doze zum Tod von Bernadettes Vater schreibt: »Mit dem Verlust dieser Person, die sie so sehr liebte, verschwindet eine ganze Welt unwiderbringlich. [...] Sie liebte ihre Mutter sehr, aber ihr Vater war ihr ›das Liebste auf der ganzen Welt‹. Die ganze Zeit ihrer Kindheit wurde mit ihm ausgelöscht und gleichzeitig fand sie sich nun, als die Älteste, mit der Vollmacht des lieben Verstorbenen ausgestattet.«

Am 24. April 1872 wurde eine kleine Justine Sabathé geboren, die am 8. September 1873 starb und am 21. März 1874 kam eine kleine Bernadette-Irma zur Welt, die am 12. August starb. Am 26. August schreibt Schwester Marie-Bernard einen zutiefst mitfühlenden und tröstenden Brief an ihre Schwester Marie mit der Bitte, dass sie und ihr Mann sich nicht im Kummer verlieren sollten. Doch am 28. Februar 1879 starb auch noch ihr fünftes Kind im Alter von 18 Monaten. André Ravier berichtet weiter: »Am 8. September 1877 stirbt der Pfarrer Peyramale. Am 15. schreibt Schwester Marie Bernard an Abbé Pomian: ›*Sie sagen, Monsieur l´Abbé, daß das, was ich leide, unerträglich ist. Aber ebenso groß wie das Leid, das mir widerfahren ist, ist der Trost, daß unser Herr Pfarrer das Glück hatte, die Sterbesakramente bei vollem Bewußtsein zu erhalten, und daß sie, sein Freund, ihm während der letzten Stunden beistanden. Die Heilige Jungfrau ist gekommen, um unseren guten Vater am Tag ihrer Geburt heimzuholen.*‹ [...] Die Briefe, die wir zitiert haben, zeigen uns, wie Schwester Marie-Bernard diese seelische Prüfung bestanden hat: mit Mut und dem vollkommenen Glauben, trotz der Schmerzen dieser Trennungen und der gesunkenen Zuversicht.«

Zu all diesem Leid kamen noch weitere familiäre Sorgen, die Schwester Marie-Bernard als Familienälteste belasteten. Pater Ravier schreibt: »Anfang 1871 trat ihr Bruder Jean-Marie dem Noviziat der Brüder von Ploermel bei, und am Tag seiner Einkleidung erhielt er den Namen Bruder Marie-Bernard. [...] Schwester Marie-Bernard hoffte, daß er sich nunmehr für das Priestertum entschließen würde. Bald jedoch schwankte Jean-Marie auf dem Weg, den er eingeschlagen hatte. Obwohl er nur wenige Briefe an Schwester Marie-Bernard geschrieben hatte, übte sie trotzdem aus der Ferne einen großen Einfluß auf ihn aus. Dann mußte er zum Militär. Bei seiner Entlassung kam eine große Unruhe über Schwester Marie-Bernard, und sie schreibt an ihn: ›*Sage mir, was Du jetzt tun möchtest. Du verstehst doch, daß ich in der Ferne an Dich denke und wissen möchte, was Du tust. Wenn ich Dir diese Frage stelle, glaube bitte nicht, daß es Neugierde ist, die mich so etwas tun läßt, nein, mein lieber Freund, der Du Deine Eltern verloren hast, es scheint mir ein Muß zu sein, als die Älteste von den Geschwistern über Dich zu wachen; ich brauche mein Gefühl für Dich nicht zu wiederholen. Ich gebe zu, daß ich mich in diesem Augenblick sehr mit Deiner und Pierres Zukunft beschäftige; ich bete jeden Tag zu unserem Herrn und der Heiligen Jungfrau, Euch zu erleuchten.*‹« Jean-Marie aber ging nach Beendigung seiner Militärzeit nicht ins Kloster zurück, sondern zog in das Haus seiner Schwester Marie Sabathé. Ende November 1876 schreibt Schwester Marie-Bernard deshalb einen sehr betroffenen Brief an ihn, in dem sie ihn bat, vor allem den Frieden und die Einheit, die das Glück einer Familie bedeuteten, zu bewahren. Als Bernard-Pierre im Herbst 1876 sein Studium nicht fortsetzte, sondern ebenfalls in das bescheidene Haus seiner Schwester Marie zog, schrieb

Bernadette am 3. November 1876 auch ihm einen sorgenvollen Brief. Und als Jean-Marie seiner Schwester im Februar 1877 nur nachträglich mitteilte, dass er sich am 8. Februar mit Marie-Magdalene Escalé verheiratet hatte, (die ihm später einen Sohn schenkte, der den Namen Jean erhielt), war sie nicht nur überrascht, sondern auch schmerzlich berührt, dass sie ihre Gebete mit denen der Brautleute nicht hatte vereinen können. Doch im Jahre 1878, nach zwölf Jahren Trennung, besucht Jean-Marie Bernadette in Nevers. »Sie liegt krank im Bett. Die Gemütsbewegung der beiden ist so stark, dass sie vor lauter Weinen kein Wort hervorbringen. Still aneinandergelehnt verbringen sie so eine ganze Viertelstunde.« Das berichtet Ernest Guynot.

Als Älteste sorgte sich Schwester Marie-Bernard ganz selbstverständlich weiter um die ihr verbliebenen Geschwister (fünf waren bereits gestorben), ihre Schwester Marie, ihren Bruder Jean-Marie sowie ihren um sechzehn Jahre jüngeren Bruder Bernard-Pierre. Außerdem fühlte sie sich »Gott gegenüber für ihre Familie verantwortlich«, wie André Ravier betont, »sie ist davon überzeugt, ›Zeugnis über diese Seelen beim lieben Gott‹ ablegen zu müssen. Bernadette hat, seitdem sie Lourdes verlassen hat, klar erkannt, daß sie und ihre Familie den Menschen von Lourdes und den Pilgern das Zeugnis eines wirklichen christlichen Lebens, vor allem in drei Punkten, geben müssen: in der religiösen Treue, in der Einheit der Familie und in der Armut, die sich von der Geschäftstüchtigkeit rund um die Wallfahrt abhebt. Ihr Brief vom 3. November 1876 an ihre Kusine Lucile Pène (eine der Töchter von Tante Basile) macht dies besonders deutlich: *›Ich war sehr bestürzt, meine liebe Kusine, als ich hörte, daß Du Deinem Mann sagen mußtest, daß er am Sonntag zur Kirche gehen sollte. Ich zittere für Euch, wenn ich daran denke, daß unser Herr im Himmel uns gesagt hat, zuerst das Reich*

Gottes zu suchen und seine Wahrheit, und daß uns dann alles andere gegeben wird. Ihr solltet das Vorbild sein, nicht nur für die Leute in der Stadt, sondern auch für die Fremden, die nach Lourdes kommen.‹«

Schwester Marie-Bernard und ihre Familie im Kloster

Schwester Marie-Bernards zweite Familie war die klösterliche Gemeinschaft in Saint-Gildard, dem Mutterhaus der Schwestern von der Nächstenliebe und christlichen Erziehung in Nevers. Das, was wir über Bernadettes Leben innerhalb ihrer klösterlichen Gemeinschaft erfahren, verdanken wir einigen ehemaligen Mitschwestern, die Ernest Guynot in ihrem hohen Alter noch zu Bernardette befragen konnte. Ihre Erzählungen geben uns Einblicke in eine Welt harter Disziplin und Strenge bei den Vorgesetzten auf der einen Seite und in eine Welt voller Achtung und Liebe im Miteinander der Schwestern auf der anderen Seite. Sie zeichnen ein sehr lebendiges Bild darüber, wie Bernadette innerhalb der Klostergemeinschaft wirklich war und wie sie uns liebenswerter nicht geschildert werden könnte. Denn Schwester Marie-Bernard, die innerlich auf dem Weg zur Vervollkommnung große Kämpfe austrug und an seelischen Schmerzen litt, verbreitete im Kloster außerordentlich viel Liebe, Zärtlichkeit und Heiterkeit und die Schwestern brachten ihr sehr viel Respekt und Zuneigung entgegen und sahen in ihr ein Vorbild.

In der kleinen Broschüre aus Saint-Gildard wird Bernadettes Charakter anhand ihres Gesichtsausdrucks beschrieben: »Unterhalb des Kopftuchs von Lourdes oder des Schleiers von Nevers finden wir denselben Gesichtsausdruck, der zu sehen versteht, der versteht, wie man sich begegnet, jenseits aller äußerer Erscheinungen … Ein

Gesichtsausdruck, der die Gefahr der Entmutigung versteht, besonders unter jungen Schwestern: ›*Machen Sie sich keine Sorgen … Seien Sie nicht entmutigt …*‹. Ein Gesichtsausdruck, der versteht, das verborgene Leid bei den kranken Schwestern zu sehen. Ein Gesichtsausdruck, der versteht, denjenigen zu begegnen, denen freiwillig niemand seine Aufmerksamkeit schenkt, wie zum Beispiel Jeanne Gardet, das junge Mädchen, das in der Küche von Saint-Gildard arbeitet, und die Bernadette besuchte, als sie krank war, trotz ihrer eigenen Kränklichkeit und Atemlosigkeit. Ein Gesichtsausdruck, der zu sehen versteht, aber auch ein fordernder Gesichtsausdruck, der größere Anstrengung verlangt … Zu einer Schwester, die ihren Widerwillen angesichts einer infizierten Wunde ausdrückte, sagte sie: ›*Sie sind ein Feigling, Sie werden nie eine Schwester der Nächstenliebe werden*‹ …«

Ernest Guynot schreibt: »Schwester Marie-Bernard wurde von ihren Mitschwestern geschätzt wie eine kostbare Perle, die die heilige Jungfrau in den Schrein von Saint-Gildard gelegt hat, und sie wurde geliebt, wie man ganz selbstverständlich die Güte liebt, die Reinheit und das Lächeln.« Unter ihnen war auch Schwester *Saint-Michel Duchème*, die erst in höherem Alter erkannt hatte, was für ein besonderes Wesen Schwester Marie-Bernard war. Sie kam oft mit *Schwester Philomene* von Imphy, das in der Nähe lag, nach Nevers. »›Unser erster Besuch galt immer Bernadette. Meist lag sie krank im Bett. Wir umarmten sie und verbrachten einige Zeit bei ihr. […] Wir besuchten sie aus einem sehr einfachen Grund: Weil wir sie liebten! Sie wurde von allen geliebt. Sie hatte ein so liebes, angenehmes Wesen, war so einfach und herzensgut, freundlich und wohlwollend gegen alle, selbst zu uns jungen Schwestern. Sie behandelte uns wie ihresgleichen, sie, die Profeßschwester und Vertraute der Heiligen Jungfrau. Wir fanden sie sehr anziehend. Ihr Anblick tat uns wohl. Auch lag in ihrem Wesen etwas Erbauliches, das uns anzog und auf uns wirkte. […] Erst heute begreife ich, daß ihre Demut etwas Außerordentliches war. Man sagt, ›Demut ist das Schweigen des eigenen Ich‹. Bei Bernadette war es so. Bei ihr gab es kein ›Ich‹. Es fiel mir wohl auf, daß sie nie von sich redete. Ich war erbaut davon, doch meinte ich, dies sei eine ganz natürliche Gabe. Aber darin täuschte ich mich. Ich erkannte erst später, daß dies eine sehr große Tugend war. So war es auch mit ihrer Einfachheit. Wie ein Kind sagte sie ganz naiv, was sie dachte, ohne Hintergedanken, ohne Berechnung. Dabei war sie sehr klug und besaß einen vollendeten Takt. Zwar hatte sie nicht die Erziehung der vornehmen Welt; doch hatte sie Herzensbildung, wie man sie bei Menschen vom Land antreffen kann, die gesunden Menschenverstand haben und rechtschaffen leben. Diese Bildung kommt von innen und ist natürlicher.‹«

Von Schwester *Eudoxia Chatelain* erbat sich Ernest Guynot ein Portrait ›in Lebensgröße‹: ›Sagen Sie mir, wie ich mir Bernadette in Saint-Gildard vorstellen soll.‹ *Schwester Eudoxia*: »›Sie verlangen etwas Schwieriges. Ich soll Ihnen die Vollkommenheit selbst schildern. Denn Bernadette war die Vollkommenheit selbst. Stellen Sie sich eine kleine Klosterfrau mit lebhaftem Gang und lebhaften Gesten vor, dabei aber sehr innerlich, mit einem schönen geraden Blick voll Unschuld und Freimut, mit ruhigem Gesicht und einem ganz einfachen und sehr einnehmenden Wesen. Das war Bernadette. Sie war immer nett, konnte herzlich lachen, doch war sie zurückhaltend im Reden. Nicht daß sie Schwierigkeiten gehabt hätte, sich (gut) auszudrücken. Aber sie sprach immer wohlüberlegt. Auch war sie zu bescheiden, um viel zu reden. Was sie sagte, war immer richtig und so klar ausgedrückt, daß nichts hinzuzufügen war.‹«

Die Vollkommenheit und die große Innerlichkeit, die Schwester Eudoxia an Schwester Marie-Bernard wahrnahm, zeigen Bernadettes tiefe Frömmigkeit und die große Liebe, die sie mit ihrem ganzen Wesen ausstrahlte. Sie gab alles, was sie hatte; ihr Herz und ihre Hände waren stets geöffnet. »Wir müssen lieben ohne Maß«. Nach dieser Überzeugung lebte sie. Wie Bernadette mit den Kränkungen umging, die sie wohl von drei anderen Schwestern erfahren hatte, zeigt ein Eintrag in ihrem persönlichen Notizbuch unter der Überschrift: »Exerzitien vom Monat September 1874. Vorsatz: Großzügig meinen Hauptfehler bekämpfen, die Empfindlichkeit (Reizbarkeit), über die Person hinweggehen, die mich gekränkt haben wird, sehr gut zu ihr sein (es kann auch heißen: ›über die Person hinausgehen, die mich gekränkt haben wird‹).« Darunter schrieb sie die Anweisungen ihres Beichtvaters Pater Douce, der ihr sagte, dass sie verpflichtet sei, als Erste Buße zu tun, wie es die Heilige Jungfrau gefordert hatte und dass sie alles in Stillschweigen ihren Mitschwestern gegenüber für die Sünder ertragen sollte. »Doch selbst die drei Schwestern«, schreibt André Ravier, »von denen man annimmt, daß sie schwierige Beziehungen zu Schwester Marie-Bernard hatten, haben während des Heiligsprechungsprozesses keine weiteren Angriffe und Vorbehalte an Bernadette bestätigt. Im Gegenteil, eine von ihnen bestätigte sogar, daß sie und Schwester Marie-Bernard sehr eng verbunden waren.« Bernadette, die sehr sensibel auf alle Unstimmigkeiten reagierte, entschuldigte sich ihrerseits jedoch sofort, wenn sie zum Beispiel eine Schwester bei ihrer brüderlichen Zurechtweisung zu streng getadelt hatte. Das berichtete *Schwester Martha du Rais*, und auch Abbé Febvre, der Hausgeistliche von Saint-Gildard, betonte ihre Demut, sich sofort zu entschuldigen.

Schwester Marie-Bernard und Mutter Marie-Thérèse Vauzou

Kommen wir nun zu Mutter Marie-Thérèse Vauzou (1825–1907). Sie war ungefähr genauso so alt wie Bernadettes Mutter und die Novizenmeisterin des Klosters. Wegen der angegriffenen Gesundheit der Generaloberin hatte Mutter Marie-Thérèse im Kloster gegenüber den Novizinnen und den jungen Schwestern eine bedeutendere Rolle eingenommen, als die normalen Regeln es vorsahen. Immer wieder wurde und wird berichtet, dass besonders Bernadette unter ihrer Novizenmeisterin zu leiden hatte. Dem widersprachen die Mitschwestern Bernadettes entschieden und auch Bernadette selbst hat das nicht so empfunden. Pater Ravier, der die Beziehung der beiden jedoch nur schwer einschätzen konnte, schreibt: »Andererseits aber haben die Mitschwestern von Bernadette immer von ihr gesagt: sie hat sich niemals beklagt, und sie hat die Strenge von Mutter Vauzou akzeptiert. Eines Tages fragte man sie, ob die Art der Novizenmeisterin nicht ein wenig Bitterkeit in ihrem Herzen aufkommen lasse: ›Oh nein‹, rief sie lebhaft aus, ›Mutter Novizenmeisterin hat recht, weil ich zu stolz bin, aber da ich jetzt hier bin, werde ich an mir arbeiten und mich bessern.‹« Und diese Haltung Bernadettes sowie die ihrer damaligen Mitschwestern sollte der einzige Maßstab sein, mit dem man die Mutter Marie-Thérèse Vauzou beurteilt.

Wie sehr sich die Novizenmeisterin auf Bernadettes Ankunft in Saint-Gildard gefreut hatte, überliefert uns André Ravier: »Als man 1866 den Novizinnen vom Kloster Saint-Gildard die Ankunft von Bernadette ankündigte, verbarg Mutter Marie-Thérèse Vauzou nicht ihre Freude, ›bald die Augen zu sehen, die die heilige Jungfrau gesehen haben.‹« Und zwei Jahre vor ihrem Tod bekannte sie, wie Ernest Guynot schreibt, Mutter Henri Fabre: »›Was mich am meisten an ihr in Erstaunen setzte, war ihr innerer Abstand von der Welt, ihre Gleichgültigkeit und Ablehnung, wenn man ihr oder ihrer Familie etwas zukommen lassen wollte, dann die Genauigkeit in ihrem Bericht über die Erscheinungen. Ich habe diesen Bericht öfter gehört; nie hat sie auch nur ein Wort daran verändert. Dies erschien mir übernatürlich an diesem Kind.‹« Diese Äußerung macht uns deutlich, wie sehr die Novizenmeisterin Bernadette einerseits für ihr Verhalten in Lourdes bewundert hatte, andererseits ihre Bewunderung aber niemals offen zeigen durfte, sondern von Pfarrer Peyramale sogar den Auftrag erhalten hatte, sehr streng zu ihr zu sein, um sie vor Hochmut zu bewahren. Sicherlich war das nicht immer einfach, denn in gewisser Weise bekämpfte sie mit ihrer Strenge Bernadette gegenüber auch ihre eigenen Gefühle der Bewunderung. Denn Pater Ravier betont: »Trotz der Strenge von Mutter Vauzou gegenüber Schwester Marie-Bernard muß man gerechterweise sagen, daß sie ihr großes Wohlwollen, Vertrauen, Zuneigung entgegenbrachte und ihr insbesondere persönliche Kontakte mit den Novizinnen nach Ablegung ihrer Gelübde erlaubte.« Diese Aussage verlebendigen die folgenden Erinnerungen von Bernadettes Mitschwestern, die uns damit auch einen authentischen Blick auf Mutter Marie-Thérèse Vauzou gestatten, der uns einerseits zeigt, wie sie ihren inneren Konflikt gelöst hat und andererseits, wie sehr sie von den Novizinnen geliebt wurde.

Mutter Juliane, die bereits mit sechzehn Jahren nach Nevers gekommen war, berichtete Ernest Guynot, dass sie in den ersten Tagen im Kloster Bernadette von den Erscheinungen in Lourdes hat erzählen hören: »›Wir waren vier junge Postulantinnen. Unsere Novizenmeisterin war Mutter Marie-Thérèse Vauzou, über die so viel Unrechtes gesprochen wurde. Sie sagte zu uns: ›Ich glaube, Sie würden sich freuen, Schwester Marie-Bernard von den Erscheinungen in Lourdes erzählen zu hören. Ich will sie rufen lassen und ihr Fragen stellen. Dann aber möchte ich, daß von diesen Dingen nicht mehr die Rede ist. Wenigstens sollen Sie mit ihr nicht darüber sprechen.‹ Wir waren sehr erfreut über diesen Vorschlag und versprachen zu schweigen. Bernadette kam, heiter und freundlich. Sie stand da wie ein Schüler im Examen, in bescheidener Haltung, die Hände in den Ärmeln, wie die Regel es vorschreibt. Sie antwortete auf alle Fragen ruhig, kurz und wohlüberlegt. Sie sprach ohne innere Bewegung, ohne einmal die Stimme zu erheben, als ob es sich um ganz alltägliche Dinge handeln würde. Nach fünf oder zehn Minuten sagte unsere Meisterin: ›Es ist gut, meine Tochter, Sie können gehen!‹ Sie ging so ruhig, wie sie gekommen war, nicht stolz darauf, daß sie befragt worden war, und nicht ärgerlich, daß sie so rasch wieder weggeschickt wurde.‹ *Guynot*: ›Liebe Frau Mutter, Ihr Bericht ist mir sehr wertvoll. Er zeigt uns, daß die Heilige im Kloster nicht mundtot gemacht wurde. Die Anordnung zu schweigen war klug; man hat sie dann gelegentlich gemildert.‹«

Für die folgende Erzählung *Mutter Julianes* muss man wissen, dass die Schwestern in Saint-Gildard während ihres Noviziats sehr zurückgezogen lebten und sich nur während ihrer Erholungsstunden nach dem Mittagessen und am Abend mit anderen Schwestern treffen und unterhalten konnten. *Schwester Juliane* berichtete Ernest Guynot:

»›Nach der Klosterregel lebten die Novizinnen und die Profeßschwestern in getrennten Gruppen. Nur Bernadette war es erlaubt, als Profeßschwester noch bei uns zu sein. Sie kam fast immer mittags und ziemlich oft auch am Abend. Dies war eine Freude für uns alle. Sie liebte die jungen Schwestern sehr, und die Novizinnen waren glücklich, sie bei sich zu haben. Die Meisterinnen hatten erkannt, daß ihr gutes Beispiel für alle von Nutzen war. Als vorbildliche Klosterfrau redete sie wenig, was sie aber sagte, war treffend und zeigte ihr gesundes Urteilsvermögen. Nie ließ sie ihren Geist leuchten, um niemand zu kränken. Nie lag ein Schatten auf ihrem Gesicht. Sie nahm gern an unserer Heiterkeit teil. Sie konnte herzlich lachen, blieb aber immer maßvoll. Wir baten sie um ihr Gebet vor dem Examen. Auch die Oberinnen und Schwestern baten sie darum. Auf ihre Fürbitte wurde großer Wert gelegt. Wir alle empfanden Verehrung für sie, auch die Meisterinnen, doch die Regel verlangte, es nicht merken zu lassen [!].‹ *Guynot*: ›So waren die Novizinnen begünstigt, wenn Bernadette die Erholungsstunde so häufig mit den jungen Schwestern verbrachte.‹ *Schwester Juliane*: ›Das ist wahr. Auch einige unserer Vorsteherinnen kamen von Zeit zu Zeit zu uns, aus Verehrung für Schwester Marie-Bernard. Sie gingen mit uns in der Allee im Garten auf und ab und unterhielten sich mit uns. Sie hüteten sich wohl, ihr besondere Aufmerksamkeiten zu erweisen oder irgendwelche Rücksichten auf sie zu nehmen. Wenn sie wünschten, daß die Heilige in irgendeiner Intention beten sollte, richteten sie ihre Bitte an alle in der Runde. […]‹ *Guynot*. ›Alle diese Einzelheiten werfen ein Licht auf das Leben der Heiligen in ihrer Schwesterngemeinschaft. Monseigneur Lelong [Nachfolger von Bischof Forcade in Nevers] hat nicht übertrieben, wenn er am Sarg Bernadettes sagte, daß ihr Tod eine große Leere in Saint-Gildard hinterläßt. Sie sagten vorhin, die Meisterinnen seien in die Erholungsstunde gekommen, weil sie die Gegenwart Bernadettes anzog. Wieso wissen Sie das?‹ *Schwester Juliane*: ›Dies sind Dinge, die man nicht ausspicht, wohl aber spürt. Eine Frau täuscht sich darin kaum. Wir waren alle überzeugt davon. Übrigens – wenn Bernadette nicht bei uns war, erschienen die Meisterinnen nicht.‹« *Schwester Elisabeth* erzählte: »›Sobald die Erholungsstunde zu Ende war, stand sie auf, grüßte uns freundlich und anmutig, dann ging sie fort mit ernstem Gesicht. Das große Schweigen hatte wieder begonnen.‹«

Ernest Guynot befragte weiter *Schwester Juliane* nach Mutter Vauzou:

»In allen Biographien über Bernadette spielt die Novizenmeisterin eine große Rolle. Könnten Sie uns etwas sagen über sie?‹ *Schwester Juliane*: ›Ich erzähle Ihnen gern, was ich über Mutter Marie-Thérèse Vauzou weiß. Ich bin ihr das auch schuldig, denn sie hat mich zum religiösen Leben erzogen und mich zu dem gemacht, was ich bin. Hätte ich nur mehr auf ihre Lehren gehört! Sie war für die Seelenführung hervorragend begabt und besaß alle Gaben des Geistes und Herzens dafür. Ihr Äußeres wirkte ein wenig kühl. Ihre Haltung und ihr Blick waren die einer Autoritätsperson; doch war sie sehr gut und mütterlich. Sie wünschte nichts so sehr, als daß man sich ihr völlig öffnete und anvertraute. Sie konnte auch die rebellischsten Naturen bändigen. Eines Morgens hatte ich keinen Appetit und nahm deswegen kein Frühstück ein. Ich dachte, niemand würde dies beachten. Aber ich hatte nicht mit der Wachsamkeit der Frau Meisterin gerechnet. Ich wurde in ihr Büro gerufen. Sie sagte: ›Meine Kleine, Sie werden Ihr Frühstück acht Tage lang auf den Knien vor der ganzen Schwesterngemeinschaft einnehmen. Dann denken Sie daran, daß man um Erlaubnis bitten muß.‹ Ich fand dieses Vorgehen ganz natürlich. Ich wußte, daß die Frau Meisterin mein Bestes wollte und liebte sie auch weiterhin wie eine Mutter. [Das wird auch Bernadette grundsätzlich so empfunden haben.] Von den Weltleuten kann man nicht verlangen, diese Dinge zu verstehen. Auch unsere Christen wissen ja kaum noch, was Demut und Gehorsam ist. Übrigens sind diese strengen

Maßnahmen heute [in den 1930ern] im Mutterhaus nicht mehr gebräuchlich.‹

Guynot: ›Man sagt, daß Bernadette unter dieser Novizenmeisterin zu leiden hatte.‹ *Schwester Juliane*: ›Das weiß ich. Ich habe es sogar predigen hören. Ich eilte an jenem Tag nach der Messe mit Tränen in den Augen in die Sakristei, um zu protestieren. Ich habe nie gesehen, daß Mutter Marie-Thérèse hart oder ungerecht gegen Schwester Marie-Bernard gewesen ist. Ich bin überzeugt, daß sie wie alle anderen behandelt wurde, zwar ohne Schonung, aber nicht ungerecht. Was ihre Wertschätzung für unsere Heilige betrifft, mögen Sie sich selbst ein Urteil bilden aus dem folgenden, für dessen Richtigkeit ich einstehe. Im Jahre 1897 wurde ich so schwer krank, daß man mich verloren glaubte. Mutter Marie-Thérèse besuchte mich in der Klinik in Paris mit Mutter Forestier, der späteren Generaloberin. Sie sagte zu mir: ›Wenden Sie sich doch an Schwester Marie-Bernard! Wir haben sie auch um ein Gebet für Sie ersucht.‹ Ich betete eine Novene zu Bernadette. Der Erfolg: Ich wurde gesund, mußte nie wieder eine Kur in Vichy machen, wohin ich zuvor zwanzig Jahre lang gefahren war. Nie wieder wurde ich so krank, daß ich mich hätte zu Bett legen müssen. Sie sehen, man ist sehr im Irrtum, wenn man behauptet, Mutter Marie-Thérèse hätte Bernadette nicht geschätzt. Sie sagte selbst, sie schätze sich glücklich, Bernadette, die von der Heiligen Jungfrau auserwählt war, im Kloster zu haben.‹

Guynot: ›Erinnern Sie sich vielleicht an eine Szene, in der Mutter Marie-Thérèse und Schwester Marie-Bernard einander gegenüberstehen? Dies wäre interessant.‹ *Schwester Juliane*: ›Ich erinnere mich noch sehr genau an ein Vorkommnis vom Jahr 1869, als ich noch Postulantin war. Mutter Marie-Thérèse saß an ihrem Schreibtisch aus hellem Eichenholz auf dem Podium. Auf einem erhöhten Sitz saß eine von uns und las uns vor über die

Erscheinungen von Lourdes. Wir Postulantinnen hörten voller Entzücken zu und waren begierig, alle Details zu erfahren. Da ging leise die Tür auf, und Bernadette trat ein. Die Vorleserin hörte sofort auf. Bernadette ging auf die Novizenmeisterin zu. Da die Generaloberin fast immer krank war, hatte Mutter Marie-Thérèse auch die Aufsicht über die Krankenabteilung. Sie rief Bernadette zu: ›Schwester Marie-Bernard, dies ist nicht der richtige Augenblick, hierher zu kommen. Ihr Platz ist in der Infirmie. Küssen Sie den Boden und ziehen Sie sich zurück!‹ Um dies zu verstehen, muß man wissen, daß im Noviziat die geringste Ungeschicklichkeit bestraft wird. Die häufigste Strafe war, wie übrigens in den meisten Ordenshäusern, den Boden zu küssen. [Auch Aquerò hatte Bernadette aufgefordert, zur Buße den Boden zu küssen!] Diese Buße wurde uns sehr häufig auferlegt. Ich weiß noch, wie eine meiner Gefährtinnen, mit der ich später im Mutterhaus wieder zusammentraf, den Boden betrachtete und im Scherz sagte: ›Ich suche den Stein, den ich noch nicht geküßt habe!‹ Da Bernadette so häufig in der Erholungsstunde bei den Novizinnen erschien, war es ganz natürlich, daß Mutter Marie-Thérèse sie noch als eine ihrer Töchter betrachtete. Bernadette tat, wie ihr geheißen war, stand wieder auf und wandte sich zur Tür. Da rief die Meisterin: ›Schwester Marie-Bernard, kommen Sie her!‹ Sie ging durch den Saal, stieg die Stufen hinauf zum Schreibtisch der Meisterin und kniete nieder. Es war bei uns üblich, Befehle und Anweisungen kniend entgegenzunehmen. Diese Haltung förderte die innere Bereitschaft, jede Order mit Respekt und im Geiste des Gehorsams willig anzunehmen. Unsere Meisterin fragte Bernadette, was sie wünsche. Bernadette antwortete: ›Fräulein Irene fühlt sich heute besser und bittet um die Erlaubnis, heute vor dem Mittagessen aufstehen zu dürfen.‹ Die Meisterin: ›Ich erlaube ihr aufzustehen, doch erst vor dem Abendessen.‹ Dann legte sie Bernadette die Hand auf den Kopf, eine Geste der Zärtlichkeit [!] bei ihr, und fügte hinzu: ›Gehen Sie nun, mein Kind.‹ Bernadette ging lächelnd durch unsere Reihen. Dies zeigt, daß sie nicht verärgert war, wie man hätte annehmen können. Ich bin überzeugt, daß unsere Meisterin sie milder empfangen hätte, wenn nicht gerade von Lourdes vorgelesen worden wäre.‹«

Bei den Erzählungen von Bernadettes Mitschwestern ist mir aufgefallen, dass keine von ihnen in irgendeiner Weise von einer Demütigung sprach, die sie erlitten hatte, sondern nur von einem sehr strengen Verhalten der Vorgesetzten, das sie als Klosterfrauen aber in großer Selbstverständlichkeit akzeptierten. Das zeigt auch das Beispiel, das *Schwester Juliane* uns von ihrem Frühstück berichtet. Die Schwestern wussten, dass ihre Vorgesetzten ihnen niemals wehtun, sondern sie bei ihrem Streben zur inneren Vollkommenheit nur so gut wie möglich unterstützen wollten, damit sie das Ziel ihres Klosterlebens erreichten – die eigene Persönlichkeit so klein werden zu lassen, dass Christus selbst zu ihrer inneren Wesenheit werden konnte.

Schwester Marie-Bernards Eintragungen in ihr persönliches Notizbuch zeigen die einzelnen zu bewältigenden Aufgaben, die sie zu diesem Ziel bringen sollte. Gleich der erste Eintrag, mit dem sie das »Carnet« 1873 beginnt, lautet: »Meine eigenen Anliegen gehen mich nichts mehr an, von diesem Augenblick an muß ich ganz Gott gehören und Gott ganz allein, niemals mir selbst.« Zwei Seiten weiter schreibt sie: »Ich werde keinen Augenblick lang leben, wenn ich ihn nicht liebend verbringe. Wer liebt, tut alles ohne Mühe. Oder er liebt eben seine Mühe. Warum muß man leiden? Weil hienieden die reine Liebe ohne Leiden nicht lebt. O Jesus, Jesus, ich spüre mein Kreuz nicht mehr, wenn ich an das

Deine denke ...« Und an anderer Stelle: »Mehr als jeder andere bin ich gehalten, mich nur an Jesus Christus zu binden, ihn um sein Licht, seine Stärke, sein übernatürliches Leben zu bitten, auf das übernatürliche Ziel in ihm und mit ihm hinzustreben. Ich bin Klosterfrau, d.h. ich übe den Beruf der Vervollkommnung aus.« Auf derselben Seite steht: »Mit Energie daran arbeiten, meine Eigenliebe und Selbstachtung zu zerstören.« Und im Zusammenhang mit spirituellen Unterweisungen über Johannes den Täufer schreibt sie: »Warum ist er so klein in mir? Das kommt daher, daß ich nicht klein genug bin, nicht demütig genug. Daß ich doch endlich demütig werden möge, daß ich mich doch erniedrige und Jesus wird wachsen. Wachse Jesus, wachse in mir, in meinem Herzen, in meinem Geist, in meiner Vorstellung, meinem Sinnen [...]; wachse trotz meines Widerstandes, meines Hochmuts; wachse bis zur Fülle des vollkommenen Menschen; wachse wie in Nazareth, vor Gott und vor den Menschen zum Ruhme unseres Vaters.« Liest man diese Sätze Bernadettes, kann man verstehen, dass auch andere Schwestern wie Schwester Juliane die damals üblichen Strafen der Mutter Novizenmeisterin als natürliche Vorgehensweisen ansahen, die nur zu ihrem Besten geschahen.

Wie wichtig für Bernadette die Tugenden waren, die die Schwestern aus Liebe zu Jesus übten, erzählte Schwester *Bernard Dalias* Ernest Guynot: »›Für den Monat Juni hatte sie sich zu Ehren des heiligsten Herzens Jesu eine besondere Tugendübung ausgedacht. Im Noviziat stand eine Herz-Jesu-Statue auf dem Tisch. Bernadette legte eine Dornenkrone zu ihren Füßen. Daneben stand eine Schachtel mit ganz kleinen vergoldeten Röschen. Jede Woche wurde den Novizinnen eine andere Tugend zur Nachahmung empfohlen. Die erste war die Demut. Wer sieben Tugendakte vollbracht hatte, durfte ein goldenes Röschen auf einen Dorn stecken. So wurde die Dornenkrone zu einem goldenen Ehrenkranz.‹«

Kommen wir nun zu anderen Begebenheiten mit Mutter Marie-Thérèse, die ein weiteres Licht auf ihre Beziehung zu Bernadette werfen. Ernest Guynot berichtet: »Bernadette hatte eine Vorliebe für die jungen Schwestern. Sie liebte überhaupt alles, was klein und jung war. Sie sagte zu den jungen Mädchen: ›Wenn Sie Heimweh haben, kommen Sie zu mir.‹« Im Mai 1873 kam ein junges Mädchen nach Saint-Gildard, die sofort nach ihrem Eintritt großes Heimweh bekam. »Mit trüber Miene, dem Weinen nahe, saß sie im Büro der Meisterin. Alles Zureden war vergebens. Plötzlich hatte Mutter Marie-Thérèse eine Idee. ›Würden Sie sich freuen, Bernadette zu sehen?‹ Da klärte sich das Gesicht des Mädchens auf. Bernadette wurde gerufen. Die Novizenmeisterin erklärte ihr: ›Da ist ein Kind, das eben angekommen ist und bereits Heimweh hat.‹ Bernadette sagte bedauernd: ›Arme Kleine.‹ Dann gab sie ihr einen herzhaften Kuß. Bei dieser Umarmung ist der Schmerz des Mädchens rasch verflogen.‹« Zu einem anderen Mädchen, das Mutter Marie-Thérèse wegschicken musste, weil es zu jung war, um aufgenommen zu werden, sagte sie: »›Doch bevor Sie gehen, machen Sie einen kurzen Besuch bei Schwester Marie-Bernard. Dies wird ihnen zum Segen sein fürs ganze Leben.‹ Die Kleine lief sogleich in die Krankenabteilung. Bernadette machte ihr Mut und gab ihr einen Kuß.‹«

Aus einem Brief von Schwester *Julie Durand*, den sie 1907 an die Generaloberin geschrieben hat, berichtet Ernest Guynot: »Als Bernadette schwer krank wurde, empfing sie die Letzte Ölung (Krankensalbung). Schwester Julie schaute öfter nach ihr. ›Bemühen Sie sich nicht so oft‹, sagte Bernadette. ›Man glaubt, ich muß sterben, aber ich werde noch mehr als sechs Monate leben.‹ Schwester Julie berichtet dies der Mutter Marie-Thérèse. Diese kommt und sagt lächelnd: ›Sie sind doch eine kleine Dumme! Sie wußten, daß Sie noch nicht sterben müssen, und Sie haben den geistlichen Herrn und die Schwestern in Aufregung versetzt.‹ ›Aber, Frau Mutter, Sie haben mich nicht gefragt, ob ich sterben werde.‹ ›Gut, ein anderes Mal fragt man Sie vorher.‹ Sie starb wirklich nach sechs Monaten.«

Ich hoffe, nach diesen erhellenden Einblicken, die die Schwestern uns gewährt haben, wird auch Mutter Marie-Thérèse Vauzou in einem anderen Licht gesehen, nämlich im Licht der Liebe, die Bernadettes einziger Maßstab war: »Ich werde keinen Augenblick lang leben, wenn ich ihn nicht liebend verbringe.« Deshalb sollte es uns nicht verwundern, dass *Schwester Elisabeth* auf die Frage Ernest Guynots, ob Bernadette in Saint-Gildard glücklich war, antwortete: »›Ich habe nie daran gezweifelt, daß sie dort sehr glücklich war. Sie strahlte eine große und tiefe Freude aus.‹«

Schwester Marie-Bernard, ein echtes Kind der Pyrenäen

Bernadette war auch als Schwester Marie-Bernard in Saint-Gildard ein echtes Kind der Pyrenäen geblieben, ursprünglich und natürlich.

Ernest Guynot, der berichtet: »Ein Biograph schrieb, daß Bernadette von ihren Mitschwestern dauernd gedemütigt wurde«, und diese Aussage aufgrund seiner Gespräche mit Bernadettes Mitschwestern als einen großen Irrtum bezeichnet, beweist uns auch mit den weiteren Erzählungen, wie die Beziehung zwischen Bernadette und ihren Mitschwestern wirklich war. Beginnen wir mit seiner Schilderung des folgenden Erlebnisses von Fräulein Felizitas, einer Krankenschwester: »Eines Nachmittags besuchte sie die Schwestern von Varennes […]. Dabei traf es sich, daß Klosterfrauen aus dem Mutterhaus von Nevers bei ihnen gerade einen freien Tag verbrachten und im Garten spazierengingen.« Der Zufall wollte es, daß Fräulein Felizitas neben einer kleinen Schwester aus Nevers durch den Garten ging, und der ihr unbekannten Schwester anvertraute, sie würde gerne mit Bernadette sprechen. »Was sollte Bernadette – denn sie war die kleine Schwester – darauf antworten? Wenn ein Besucher sie fragte: ›Schwester, könnte ich Bernadette sehen?‹, antwortete sie ›ja‹, ging davon und kam nicht wieder. Doch diesmal konnte sie nicht die Flucht ergreifen. Was sollte sie aber sagen? Sie konnte nicht sagen ›Ich bin es‹, denn eine demütige Seele, die weiß, daß sie dann bewundert und verehrt wird, bewahrt ihr Inkognito. So sagte sie ganz einfach: ›Oh, Mademoiselle, Bernadette ist, wie alle anderen sind.‹ Dann sprach sie von etwas anderem. […] Bischof Forcade, der diese Geschichte hörte, sagte darauf: ›Nein, Bernadette war nicht wie alle anderen. Ein besonders charakteristischer Zug an ihr war, daß sie unbekannt bleiben und für nichts angesehen werden wollte.‹ Das ist sehr selten, auch bei Seelen, die nach Vollkommenheit streben.«

Schwester Philomena erzählte Ernest Guynot: »›Ihr Lächeln war ganz ungezwungen, bescheiden und zurückhaltend. Sie hatte eine stille, feine Art, eine gewisse Vornehmheit. Sie war durchaus kein gewöhnliches Bauernmädchen, wie man hätte annehmen können. Mehr noch als ihre treffende Ausdrucksweise [eine Gabe aus der heimatlichen Erde der Bigorre] bewunderte ich ihren lebendigen Glauben. Sie liebte es, in die Unterhaltung erbauliche Bemerkungen einzuflechten, in heiterem Ton;

dies war ihre Eigenart. Sie hielt uns keine langen Predigten; sie war absolut keine Nörglerin. […] Oft mußte sie von Herzen lachen. Es waren köstliche Stunden.‹«

Da sich viele Menschen damit schwer tun, wahre innere Größe anzuerkennen, fragte auch Ernest Guynot *Schwester Juliane* nach den Unvollkommenheiten Bernadettes. Sie antwortete: »›Ich habe nichts an ihr bemerkt, was man als Unvollkommenheit bezeichnen könnte, weder in ihrer Art, sich zu geben, noch im Charakter oder im Urteil. Im Gespräch war sie immer angenehm und liebenswürdig. Sie rügte mich oft, und ich habe es bestimmt verdient. Was sie sagte, hat sie aber immer durch ein Lächeln gemildert. […] Wenn sie wirklich einige Unvollkommenheiten gehabt haben sollte, müssen Sie andere darüber befragen, nicht mich.‹« Schwester *Eudoxia Chatelain* sagte: »›Ich habe nie etwas an ihr gesehen, das man als Fehler bezeichnen könnte. Ich könnte ihnen höchstens von einer Unvollkommenheit erzählen. Eines Abends gingen die Schwestern nach Tisch in den Garten. Ich hatte im Refektorium zu tun und schloß gerade die Jalousien, als ich unter mir drei oder vier Profeßschwestern reden hörte. Schwester *Joseph Garnier* und die liebe Schwester Marie-Bernard waren dabei, sie gingen gerade an einem Wagen vorüber, der dem Haus gehörte und hier abgestellt war. Schwester Joseph Garnier bemerkte darin plötzlich ein Ei, das eine Henne hineingelegt hatte. Sie nahm es und rief: ›Wer hat Lust, ein Ei auszutrinken?‹ Spontan rief jemand: ›Ich!‹ Es war Schwester Marie-Bernard. ›Es ist noch ganz warm‹, sagte Schwester Joseph Garnier. ›So hab´ ich es gern‹, erwiderte Bernadette. Schwester Joseph Garnier meinte: ›Ein rohes Ei muß doch furchtbar schlecht schmecken.‹ Sie war eine Pariserin und wollte Bernadette necken. Sie setzte hinzu: ›Jedenfalls muß es schwierig sein, das Ei aufzumachen. Ich möchte es nicht probieren.‹ ›Nichts ist leichter als das‹, sagte Schwester Marie-Bernard. Sie nahm das Ei, klopfte es ein paar Mal an den Wagen und schlürfte es in einem Zug aus. Kaum hatte sie dies getan, ließ sie die Arme hängen und sprach halb lachend, halb weinend: ›Was hab´ ich da gemacht, gleich muß ich zu Schwester Assistentin gehen und meine Schuld bekennen!‹ Alle lachten herzlich, auch ich oben am Fenster.‹ *Guynot*: ›Ich sehe an dieser Sache, daß Bernadette nicht ganz dieser Welt abgestorben war, wie man sie uns so oft darstellt. Auch freut es mich, daß sie damals noch in ganz guter gesundheitlicher Verfassung war.‹«

Dieser Vorfall im herzlichen Miteinander im Schwesternkreis zeigt uns die echte Bernadette, das Mädchen aus Lourdes, die Arnold Guillet im Editorial des Buches von Jean Barbet ein natürliches und echtes Menschenkind nennt: »Was an Bernadette so erfrischend wirkt, ist ihre natürliche, offene und treuherzige Art. Von Verklemmung keine Spur.« Und das liebten auch ihre Mitschwestern an ihr, wie es die Erzählungen deutlich machen. Im Sinne der klösterlichen Regeln in Saint-Gildard wurde ein solches spontanes Verhalten jedoch bereits als Unvollkommenheit angesehen, wie es Bernadettes Ausruf erkennen lässt. Dass auch sie selbst, die besonders streng zu sich war, solch ein Verhalten bereits als kleine Sünde ansah, zeigen ihre nachfolgenden Worte, die Schwester *Philomena Ruques* Ernest Guynot aus ihrer Zeit als kranke Postulantin erzählte: ›Als sie uns am Nachmittag verließ, sagte sie: ›Betet für mich, meine Kinder. Ich gehe beichten.‹ Wir riefen wie aus einem Mund: ›Sie haben doch keine Sünden!‹ Bernadette: ›Oh, sagt das nicht!‹ Sie faltete die Hände und sagte ganz demütig: ›Ich habe schon Sünden. Wer ist denn ohne Sünde?‹ *Anmerkung des Verfassers*: ›Die Heilige meint hier die sogenannten ›Überraschungssünden‹. Sie bezeugt an anderer Stelle, daß sie sich nicht erinnern könne, Gott jemals mit Vorbedacht beleidigt zu haben.«

Eine andere Episode, die Bernadettes Natürlichkeit zeigt, erzählte Schwester *Saint-Michel Duchéme* Ernest Guynot: »›Aus irgendeinem Grund mußte ich eines Tages in die Krankenabteilung gehen. Als ich die Tür öffnete, kam gerade Bernadette mit Schwester Gabriele, der Apothekerin, heraus. (Diese pflegte später die kranke Bernadette und schloß ihr beim Sterben die Augen.) Auch die Krankenschwester Martha du Rais war dabei. [...] Alle drei waren ungemein lustig. Die beiden großen Schwestern neckten die kleine Bernadette. Da machte sie sich los, drehte sich um sich selbst und tanzte graziös und mit lächelnder Miene eine Pirouette. So war sie, charmant und lebhaft; sie hatte nichts Zeremonielles oder Steifes an sich.‹«

Mutter Eudoxia berichtete Ernest Guynot noch eine Begebenheit vom Januar 1874: »›Da Sie gern Einzelheiten hören, möchte ich Ihnen noch folgendes erzählen: ›In der Kathedrale befinden sich in der Seitenkapelle, die Unserer Lieben Frau von Lourdes geweiht ist, zwei Glasfenster. Darauf ist auch Bernadette zu sehen, auf einer Darstellung zu Füßen der Heiligen Jungfrau, auf der anderen, wie sie aus den Händen des Bischofs Forcade den Schleier empfängt. Dies war vielleicht das erste Mal, daß man die Erscheinungen von Massabielle in einer Kirche dargestellt hat. Eine kühne Idee, auf einem Fenster der Kathedrale eine noch lebende Nonne darzustellen. Natürlich wurde diese Kapelle mit den beiden Glasfenstern gleich von Anfang an viel besucht. Bei einer Prozession zogen auch wir Schwestern daran vorüber. Bernadette selbst warf auch einen Blick auf die Glasfenster und sagte nachher lächelnd zu ihrer Nachbarin: ›Man hat mich sehr häßlich dargestellt.‹ Gerade das aber war ihr völlig gleichgültig. Sie wußte, daß Fotos von ihr in den Schaufenstern der Andenkenläden standen. Sie lachte darüber und sagte: ›Ich habe keinen Grund, stolz zu sein. Man kann mich für zehn Pfennig in den Läden kaufen.‹«

Der Blick von Schwester Marie-Bernard

Schwester Marie-Bernards Blick faszinierte unzählige Menschen, darunter auch viele Schwestern. Vor allem die Tiefgründigkeit ihres Blickes zog andere an. Das sagte auch *Mutter Juliane* zu Ernest Guynot: »›Was mich am meisten an ihr frappierte, war ihr Blick. [...] ich kann Ihnen sagen, daß ich noch nie einen klareren Blick gesehen habe, leuchtend und voll Friede, als den meiner lieben Schwester Marie-Bernard. Er war wie Kristall, wie eine klare und tiefe Quelle. Kindliche Reinheit lag in diesem Blick und ein edler Freimut. Ruhe und Frieden strahlte aus ihren Augen, Klarheit des Geistes und des gesunden Urteils. Jeden nahm dieser Blick gefangen. Auch ihre Haltung und ihre Worte standen in vollkommenem Einklang damit. Die Heilige Jungfrau hat mit Bernadette als ihrer Vertrauten und Botin wirklich eine gute Wahl getroffen.‹«

Schwester *Philomena Ruques* erzählte Ernest Guynot: »›Sie zu sehen und zu sprechen machte mich glücklich. Ich soll Ihnen Bernadette beschreiben? Sie hatte sehr schöne sanfte dunkelbraune Augen von wunderbarem Glanz. Man hatte den Eindruck, daß ihr Blick von etwas weit Entferntem, unendlich Schönem geheimnisvoll angezogen wurde. Es war, als ob sie Heimweh hätte nach diesem wunderbar Schönem, das sie früher gesehen hatte und das verschwunden war und nach dem sie immer wieder Ausschau hielt. Dies gab ihrem Blick und ihrem lieben Lächeln eine leise Melancholie, was ihren Charme noch erhöhte.‹«

Der folgende Text über den Blick Bernadettes ist eine sehr verkürzte Wiedergabe eines gleichnamigen Vortrags von Ernest Guynot: »Am Tage der Bestattung Bernadettes, am 19. April 1879, waren in der Kapelle von Saint-Gildard alle kirchlichen Würdenträger und Ordensleute von Nevers versammelt. *Bischof Lelong* hielt eine feierliche Lobrede. Daraus das Wesentliche: ›Die Reinheit im Blick von Schwester Marie-Bernard war ein Werk Gottes. Sie war die würdige Tochter der Heiligen Jungfrau. Es genügte, die Augen Bernadettes zu sehen, um die vollkommene Reinheit ihres Herzens und ihrer Seele zu erkennen. Ich habe sie fast nur krank und bettlägerig gesehen. Ihre Augen ruhten auf dem Kreuz oder auf ihrem Rosenkranz. Ich werde nie den Ausdruck schmerzlicher Melancholie in ihren Augen vergessen. Auch liebende Ergebung lag in ihrem Blick. Aus ihren Augen strahlte übernatürliche Gnade.‹ *Madame de Minivielle* schrieb im Juli 1864 an eine Freundin, als Bernadette noch in Lourdes war: ›Ihr Gesicht ist von wunderbarer Reinheit und Demut. Es ist mir unmöglich, die Schönheit ihres Blickes zu schildern, als sie die Augen zum Himmel erhob und die Hände vor der Brust kreuzte, um uns die Haltung der Heiligen Jungfrau bei den Worten ›Ich bin die Unbefleckte Empfängnis‹ zu zeigen. Die Aussagen des Organisten an der Kathedrale von Nevers, *Kanonikus Perreau*, wurden im Heiligsprechungsprozeß niedergelegt: ›Jedesmal, wenn ich mich mit ihr unterhielt, glaubte ich vor einer engelsgleichen Seele zu stehen: das lag vor allem an ihrem Blick voller Unschuld und Reinheit.‹« Wie Ernest Guynot weiter berichtet, schrieb Monseigneur Forcade, der ehemalige Bischof von Nevers, in seinen Erinnerungen, »daß Bernadette des öfteren eine überdurchschnittliche Intelligenz bewies und Geist besaß. ›Dieser Geist funkelte in ihren Augen klar und unbeschreiblich schön, als ob sie himmlische Strahlen von etwas widerspiegeln würden, das sie früher einmal gesehen hatte.‹ Wir wissen, es handelt sich hier nicht um eine Schönheit, die die Sinne bezaubert, sondern um eine, die in die Tiefe der Seele reicht, um sie zu Gott emporzuheben. Lassen wir nun Ordensfrauen zu Wort kommen, und zwar solche, die zum ersten Mal ins Mutterhaus kamen und Bernadette an ihrem Blick erkannten. Dies war der Fall bei *Schwester Athanasia*. Bei Tisch begegneten ihre Augen denen einer kleinen Schwester. Sie war überrascht von dem Blick dieser Schwester, daß sie sich sagte: ›Das müssen die Augen sein, die die Heilige Jungfrau gesehen haben.‹ Ähnlich erging es *Mutter Eugenie Calmes*: Diese schreibt in einem Brief an die Generaloberin: ›Da ich gehört hatte, sie habe etwas Himmlisches in ihrem Blick und ihrem Gesichtsausdruck, wollte ich sie selbst erkennen, anstatt sie mir zeigen zu lassen. Und wirklich, beim abendlichen Zusammensein der mehr als zweihundert Novizinnen und Postulantinnen fiel mein Blick auf sie und ich hatte mich nicht getäuscht.‹«

Schwester Marie-Bernard, die Trösterin und Prophetin

Wie es bereits in der kleinen Broschüre aus Nevers zum Ausdruck kam, konnte Bernadette hervorragend trösten. Das bereits erwähnte junge Küchenmädchen Jeanne Gardet erzählte Ernest Guynot: »Wenn Sie wüßten, was für ein gutes Herz sie hatte und wie gut sie zu trösten verstand! Als ich einmal schwer krank war, besuchte sie mich im obersten Stockwerk, im Schlafzimmer der Angestellten. […] Einmal weinte ich, da ich glaubte, ich sei verloren. Sie tröstete mich und versicherte mir, daß ich gesund werden würde. Ich bat sie, mir Lourdeswasser zu bringen. Sie sagte: ›Das würde ich gerne tun, aber ich habe nicht die Erlaubnis dazu.‹ Nach einigen Tagen brachte sie mir aber doch ein ganz kleines Fläschchen. Ich sagte: ›Das ist zu wenig, das wird mir nicht helfen.‹ Bernadette lächelte: ›Mein Kind, an der Menge liegt es nicht.‹«

Schwester *Adelheid Martin* sagte zu Ernest Guynot: »Schwester Marie-Bernard liebte es, andere zu trösten, und verstand sich sehr gut darauf. Es scheint, daß Gott sie dafür belohnte, indem er sie erleuchtete und bei ihrem Werk der Barmherzigkeit in die Zukunft blicken ließ.« Für diese Tatsache gibt Ernest Guynot mehrere Beispiele wieder: »Wegen einer Augenkrankheit war die Postulantin *Anne Durand* sechs Monate in der Krankenabteilung. Die Besserung hielt aber nur wenige Wochen an. Sie mußte in ihr Krankenzimmer zurück und war darüber untröstlich. Die Oberinnen hatten sie darauf vorbereitet, daß sie wohl Saint-Gildard verlassen müßte. [...] Als Bernadette dies vernahm, tröstete sie die Kranke und sagte: ›Regen Sie sich nicht weiter auf. Ihre Augen werden heilen, und Sie werden Schwester in Nevers.‹ Es kam, wie Bernadette gesagt hatte.« Auch eine andere kranke Postulantin sollte nach Hause geschickt werden: »In Tränen aufgelöst, trat ich ans Bett Bernadettes und vertraute ihr meinen Kummer an. Sie sammelte sich ein wenig, schaute mich liebevoll an und sagte: ›Weinen Sie nicht! Der liebe Gott will, daß Sie Klosterfrau werden, aber in einer anderen Kongregation. Sie werden noch viele Jahre leben.‹ Ich wurde tatsächlich wieder gesund. Da die Schwestern von Nevers mich nicht behalten wollten, nahmen mich jene von Cluny auf.« »Schwester Marie-Bernard kam eines Tages ins Sekretariat, als gerade eine Novizin die Liste der Häuser der Kongregation durchsah. Bernadette fragte: ›Was suchen Sie?‹ Die Novizin sprach lächelnd: ›Ich suche das Haus, in das ich nach meiner Profeß geschickt werde. Ich bin beim Buchstaben C.‹ Bernadette sagte: ›Sie kommen nach Cahors, und Sie werden dort bleiben!‹ Es kommt selten vor, daß eine Ordensfrau ihr ganzes Leben am gleichen Ort bleibt. *Schwester Ildefonsa Pages*, um diese handelt es sich hier, kam wirklich nach Cahors. Sie wurde dort Oberin und blieb 60 Jahre am selben Ort.«

Und *Schwester Eudoxia* erzählte Ernest Guynot von ihrem Bruder: »Einige Jahre später vertraute er mir an, daß Bernadette ihn, als er Zweifel an seiner Berufung äußerte, völlig beruhigt habe und ihm sogar vorhersagte, daß er einmal auf der Kanzel in der Kapelle von Saint-Gildard predigen werde. Dies erfüllte sich, und er sagte zu Beginn seiner Predigt: ›Am 25 November 1874 hat mir unsere liebe Heilige, Schwester Marie-Bernard, vorhergesagt, daß ich einmal auf diese Kanzel steigen werde. Seitdem sind 53 Jahre vergangen. Heute hat sich die Vorhersage erfüllt.‹«

Diese Beispiele mögen genügen, doch möchte ich daran erinnern, dass Bernadettes starke Gebetskraft dabei nicht vergessen werden darf. Den Schwestern war sie bekannt, ebenso auch Abbé Febvre, der, wie Ernest Guynot berichtet, 1878 einen jungen Verwandten, der Priester werden wollte, zu Bernadette schickte und ihm erkärte: »Bernadette zu begegnen, ein Wort aus ihrem Mund zu hören, ist eine Gunst des Himmels. Die ganze Karriere eines Priesters kann dadurch beeinflußt werden. Bernadette ist nicht nur auf der ganzen Welt bekannt, sie ist auch eine heilige Klosterfrau, die auf alle, die zu ihr kommen, Gottes Segen herabruft.‹ […] Dieser erzählte später: ›Sie fragte mich: ›Sie wollen Priester werden?‹ Er: ›Ja, wenn Gott mich ruft.‹ Bernadette blickte in die Richtung der Kapelle und sagte dann langsam und sehr betont: ›Ja, Sie werden Priester werden, aber Sie werden viel zu arbeiten und zu leiden haben.‹ Und nach einer Pause: ›Es ist so schön, ein Priester zu sein. Der Priester am Altar ist ein zweiter Christus am Kreuz.‹ Dann: ›Auf Wiedersehen! Und frohen Mut!‹ Ihre Worte gingen genau in Erfüllung …«

An dieser Stelle möchte ich kurz einfügen, dass Bernadette auch Predigten über alles liebte und sogar ihre Mitschwestern bat, ihr die Worte des Predigers zu wiederholen, wenn sie bettlägerig war.

Auch Bernadettes Vorgesetzte wussten um die Kraft ihrer Gebete, wie der folgende Bericht von *Schwester Eudoxia* zeigt. Sie durfte 1872 bereits kurz nach ihrer Ankunft im Kloster Bernadette kennenlernen. »Die Oberin führte mich zu ihr hin und bat sie um ihr Gebet für meinen Klosterberuf, daß Gott mir Ausdauer verleihen möge. Bernadette versprach, für mich zu beten, und sagte, daß ich eine gute Schwester werden würde. Dann legte mir die Oberin die Hand aufs Haupt und beugte es kräftig hinunter – Bernadette nahm meine Hände und gab mir einen Kuß auf die Stirn. Ich war so ergriffen, daß ich kein Wort hervorbrachte.«

Ernest Guynot hörte von *Schwester Angela*: »Im März 1870 kam ich nach Nevers. […] Sie [Bernadette] kam auf mich zu und sagte: ›Mademoiselle, Sie weinen, was ist geschehen?‹ – ›Ich habe eben die Nachricht bekommen, daß meine Mutter schwer krank ist. Vielleicht ist sie schon gestorben.‹ Bernadette sah mich lächelnd an mit einem Blick, den ich nie vergessen werde. – ›Nein‹, sagte sie, ›weinen Sie nicht. Die Heilige Jungfrau wird Ihre Mutter gesund machen. Ich will fest für sie beten.‹ […] Bald erfuhr ich: Die Wendung zum Besseren war erfolgt, als Bernadette zu mir gesagt hatte: ›Ich will fest für sie beten.‹«

Schwester *Stanislas Ducher* erzählte Ernest Guynot, wie Bernadette ihr geholfen hatte, als sie nach ihrer Profeß nicht wieder nach Sens, wo sie herkam, zurückkehren sollte. »Ich klagte Bernadette mein Leid. Da schaute sie mich an und sagte langsam, fast feierlich: ›Ich sage Ihnen, daß Sie nach Sens zurückkehren werden. Ich will auch für sie beten.‹ Ich erwiderte etwas unbesonnen: ›Wie wissen

Sie das?‹ Sie ging auf diese Frage nicht ein und sagte in dem gleichen klaren und bestimmten Ton: ›Ängstigen Sie sich nicht! Ich sage Ihnen, daß Sie nach Sens zurückkehren werden. Ich will auch für sie beten.‹ […] Und sie wurde wieder nach Sens geschickt.«

Ein kleines Mädchen, *Madeleine Darfeuille*, fragte Bernadette: »›Beten Sie für mich, Schwester, daß ich auch die Heilige Jungfau liebe?‹ ›Ja, mein Kind, ich will viel für dich beten, und du wirst sie dann sehr lieb haben.‹ ›Hat sie Ihnen das gesagt?‹ ›Nein, aber ich will darum bitten.‹« Diese Vorhersage ging ebenfalls in Erfüllung.

Schwester Marie-Bernard und die Heilige Jungfrau

All diese tröstlichen Prophezeiungen weisen darauf hin, dass Bernadette in Nevers nicht nur eine starke Gebetskraft hatte, sondern auch in einem so überaus engen Kontakt zur Heiligen Jungfrau stand, das sie die Erfüllung ihrer Fürbitten erkennen konnte.

Rufen wir uns kurz ins Gedächtnis zurück, dass Bernadette nach ihrer Ankunft in Saint-Gildard im Garten des Klosters zu einer Muttergottesstatue geführt worden war, die sie im ersten Augenblick wegen ihres Gesichtes und der ausgebreiteten Arme an Aquerò erinnerte: »Notre-Dame des Eaux«. Diese Ähnlichkeit gab ihr anfänglich sehr viel Trost. Doch während ihres Lebens in Saint-Gildard änderte sich ihre Einstellung nicht nur zu dieser, sondern auch zu anderen Statuen, die die Heilige Jungfrau darstellten. Das kommt in den folgenden Berichten zum Ausdruck. Am deutlichsten wird es in der Schilderung von Schwester *Julie Durand*, die Ernest Guynot einem Brief von 1907 entnimmt: »Eines Tages betrachteten wir eine Statue der Muttergottes; sie wird genannt ›Notre-Dame des Eaux‹.

Wir fanden sie sehr schön. Schwester Marie-Bernard stand hinter mir. Sie sagte wie zu sich selbst: ›Der sie gemacht hat, wird sehen, wie sehr er sich getäuscht hat, wenn er sie im Himmel sehen wird.‹«

Schwester *Stanislas Ducher* erzählte Ernest Guynot: »Ich sehe mich noch mit Schwester Marie-Bernard im Garten vor der Muttergottesstaue stehen. Wir waren zehn Novizinnen und einige Postulantinnen. [...] Die Muttergottesstatue steht am äußersten Ende des Gartens, Bernadette blieb an meiner Seite, so konnte ich sie, ein wenig verstohlen, beobachten. Nach dem Gebet sagte ich zu ihr: ›Ich glaube, Sie haben diese Statue auch sehr gern. Sie stimmt zur Andacht.‹ ›Oh‹, sagte sie, ›ich habe die Statue nicht angesehen. Ich schaute höher hinauf.‹ Ich hatte bemerkt, daß ihr Blick über die Statue und die Klostermauer hinauf zum Himmel ging, als sähe sie dort die Heilige Jungfrau.« Auch *Jeanne*, das Küchenmädchen, konnte beobachten, dass Schwester Marie-Bernard, während sie mit ihr sprach, manchmal den Blick erhob und weit in die Ferne und in die Höhe schaute, über die Erde hinweg.

Die kleine *Madeleine* fragte Bernadette: »›Schwester, Sie haben die Heilige Jungfrau gesehen?‹ ›Ja, mein Kind, ich habe sie gesehen.‹ ›War sie schön?‹ Bei dieser Frage erhob Bernadette die Augen zum Himmel und sagte mit unbeschreiblich schönem Ausdruck: ›So schön, daß, wenn man sie einmal gesehen hat, man am liebsten gleich sterben möchte, um sie wiederzusehen.‹«

»Immer wieder kam es vor«, schreibt Ernest Guynot, »daß Bernadette, wenn man ihr ein Bild der Mutter Gottes zeigte oder wenn sie eine neue Statue sah, sich abwandte und schwieg. Eines Tages zeigte man ihr eine Fotografie von der Grotte. Sie zitterte ein wenig, als sie den heiligen Ort wiedersah. Eine Schwester fragte: ›Sie sehen die Jungfrau aber nicht mehr?‹ – ›Nein‹, antwortete Bernadette, ›aber ich trage ihr Bild im Herzen.‹ [...] Wenn sie vor einer Statue betete, vermied sie gewöhnlich, diese anzusehen. ›Es würde mich nur zerstreuen‹, gestand sie. Bernadette hütete sich aber, Kunstwerke zu verurteilen. Ihr gesunder Menschenverstand wünschte nicht, sie aus den Kirchen verbannt zu sehen. [...] Eines Tages brachte *Schwester Julie* Bernadette ein Bild, auf dem ein kleines Mädchen vor der Mutter Gottes kniete und sie betrachtete. Bernadette sah es schweigend an, dann füllten sich ihre Augen mit Tränen. Schließlich schaute sie die umstehenden Schwestern an, zeigte auf die Kleine und sagte: ›So sollten wir immer vor der Heiligen Jungfrau knien.‹«

Schwester Marie-Bernard und die Kinder

Diese Äußerung Schwester Marie-Bernards führt mich zu Bernadettes besonderer Liebe zu Kindern. Bereits im Haus der Schwestern in Lourdes hatte sie gezeigt, dass sie eine sehr gute Betreuerin kleiner Mädchen war, was uns nicht verwundern dürfte, denn die dazu notwendige Autorität war ihr als älteste Tochter bereits in die Wiege gelegt. Ernest Guynot schreibt: »Bernadette liebte die Kinder, und die Kinder liebten sie. Bei ihnen fühlte sie sich besonders wohl. So war es auch im Kloster von Varennes. Ein ehemaliges Waisenkind erzählte uns: ›Bernadette verbrachte jedes Jahr einen Tag bei uns im Waisenhaus ›Zum Guten Hirten‹, das nur einige Kilometer von Nevers entfernt ist. Schon bei der Ankündigung ihres Besuches waren alle voll Freude. Sie war klein und zierlich und hatte sanfte Augen. Wenn jemand behauptete, sie sei gewöhnlich, so fand ich im Gegenteil, daß sie etwas Besonderes an sich hatte, das mich entzückte. Sie fragte uns, ob wir die Heilige Jungfrau lieb haben, und ermahnte uns, sie besonders zu verehren. Dann umarmte sie jede einzeln. Später, als sie leidend war und

Schmerzen am Knie hatte, wurde sie in einem Rollstuhl hereingefahren.‹ ›Eine Anzahl von Waisenkindern, darunter auch ich, durften nach Nevers gehen, um der Mutter Generaloberin zum Namenstag zu gratulieren. Nach dem Glückwunsch wurden an die Kleinsten von uns Pralinen verteilt, und es traf sich, daß Bernadette sie austeilte. Kaum waren wir draußen, forderten die Größeren einen Anteil von den Kleinen, denn auch sie wollten Pralinen aus der Hand Bernadettes. Wer glaubt, daß die heilige Bernadette in Nevers und Umgebung nicht verehrt wurde, ist sehr im Irrtum.‹ Ein anderes Mädchen erzählte: ›Wir waren 125 Waisenkinder jeden Alters. Eines Tages kam Bernadette, sie wurde von zwei Schwestern aus Saint-Gildard im Rollstuhl gefahren und unterhielt sich mit unseren Lehrerinnen, Schwester Augustin, eine Pariserin wie ich, und Schwester Solange. Dann richtete sie einige Worte an uns. Ich stand neben der Tür. Als Bernadette hinausgefahren wurde und der Rollstuhl ein wenig anhielt, streichelte sie meine Wange und sagte: ›Bete gern zur lieben Muttergottes!‹ Ich muß gestehen, daß ich bisher wenig gebetet hatte. Auf Bernadettes Wort hin wurde es besser mit mir.‹«

Schwester Eudoxia sagte zu Ernest Guynot: »Wieviel Schönes hätte man sagen können über ›Bernadette und die Kinder‹, wenn damals jemand auf den Gedanken gekommen wäre, es festzuhalten. […] Wenn gerade Kinder bei Schwester Viktoria waren und Bernadette kommen sahen, liefen sie ihr entgegen, wie angezogen von einem geheimnisvollen Magneten. So war es auch im Kinderasyl von Nevers. Das ganze kleine Volk strahlte vor Freude, wenn Bernadette erschien. Sie hatte eine besondere Vorliebe für unschuldige Kinder. Wenn wir bei Prozessionen in Reihen durch die Straßen zogen, habe ich beobachtet, daß ihr Auge zärtlich auf den kleinen Kindern ruhte, die von ihren Müttern auf dem Arm getragen wurden oder neben ihnen trippelten. Die Toiletten der Damen interessierten sie nicht.«

Die geschickten Hände Schwester Marie-Bernards

»Unsere Schwestern erinnern sich noch daran, daß Schwester Marie-Bernard ihnen bei der Einkleidung die Haube aufsetzte. Eine von ihnen ist *Schwester Therese Portal*. Sie trug das ›heilige Kleid‹ erst seit einigen Tagen, und es paßte nicht recht. Eine kleine Schwester, deren Namen sie nicht wußte, begegnete ihr im Klostergang und sagte lächelnd: ›Liebe Schwester, ihre Haube sitzt schlecht. Kommen Sie.‹ Es war Bernadette. Sie hatte eine geschickte Hand und war sehr auf Sorgfalt bedacht. Schnell führte sie sie ins nächste Zimmer, nahm ihr die Haube ab, legte den Schleier auf das weiße Käppchen und ordnete die Falten gleichmäßig. Jetzt saß die neue Haube richtig.« Das berichtet Ernest Guynot und schildert damit sowohl Bernadettes ästhetischen Blick als auch ihre handwerkliche Geschicklichkeit. Und diese Begabung Schwester Marie-Bernards fand im Kloster Saint-Gildard vielfältigen Ausdruck, vor allem in der Handarbeit. Wie André Ravier berichtet, hat sich Bernadette bereits im Haus der Schwestern in Lourdes »als ausgezeichnete Schneiderin und Stickerin« nützlich gemacht. Handarbeiten gehörten und gehören in vielen Frauenklöstern zu den Betätigungen der Schwestern. So lernte auch Bernadette diverse Handarbeiten wie Nähen, Stricken, Häkeln und auch Sticken, Tätigkeiten, die die Schwestern auch während ihrer Erholungsstunden ausübten. *Schwester Eudoxia* erzählte Ernest Guynot: »›In dieser Zeit [1873] lebte im Mutterhaus noch eine Schwester *Viktoria Sarraut*. Sie war eine Freundin der kleinen Heiligen. Sie war sehr gut und entgegenkommend und besonders in allen Handarbeiten geschickt. Schwester Marie-Bernard hatte selbst viel Freude und Begabung für Handarbeiten. Sie kam oft, um die Schwester in schwierigen Fällen um Rat zu fragen, beim Filetstricken, bei Stickereien oder wenn sie künstliche Blumen wieder instand setzen sollte.‹« Durch die Arbeit unzähliger Schwestern entstanden die wunderschönen Altardecken und Messgewänder mit ihren Stickereien, die auch heute noch vielen Gottesdiensten eine besondere Feierlichkeit verleihen. Bernadette war besonders begabt für Stickereien und es machte ihr viel Freude, mit der Zeit auch eigene Entwürfe auf die kostbaren Gewänder sticken zu können. Nachdem sie im Januar 1873 erneut bettlägerig geworden war, erholte sie sich ab Januar 1874 langsam und wurde als Sakristanin eingesetzt. »Was Bernadette hier an Geschicklichkeit und Geschmack entwickelte, hätte man niemals bei ihr vermutet. Noch heute werden Stickereien von ihr aufbewahrt, die beweisen, was sie geleistet hat.« Das betont Jean B. Estrade. Dazu gehört auch die wunderschöne Spitzenarbeit einer Priesteralbe. Und auch als Bernadette aus gesundheitlichen Gründen nicht weiter als Sakristanin arbeiten konnte, war sie, sooft es möglich war, mit einer Handarbeit beschäftigt, denn diese Tätigkeit konnte sie überall ausführen. André Ravier schreibt von einer Beobachtung Abbé Febvres: »Sie war lebendig und hatte, um das Untätigsein im Bett ertragen zu können, stets eine Handarbeit vor sich.« Oder sie saß auf dem Bettrand und war mit einer Handarbeit beschäftigt. Oder sie saß im Garten und war mit einer Handarbeit beschäftigt. Denn ihre Hände konnten niemals untätig sein.

Darüber sprach auch Schwester *Rosalie Pérasse* mit Ernest Guynot: »Als ich Anfang 1875 in Saint-Gildard eintrat, war meine erste Beschäftigung, das Zimmer von

Schwester Marie-Bernard zu putzen. Bernadette war bettlägerig. Jeden Morgen empfing sie mich lächelnd trotz ihrer Schmerzen in den schlaflosen Stunden der Nacht. Ihre Geduld, ihre Liebenswürdigkeit und peinliche Sorgfalt in allen Dingen beeindruckten mich sehr. Als es ihr wieder besser ging, im Sommer 1877, sah ich sie draußen im Schatten der Kastanienbäume sitzen und an einem Chorhemd sticken.«

Auch *Schwester Eleonore* teilte Ernest Guynot mit: »Ein anderes Mal stickte sie an einem prächtigen Chorhemd. Es war für Bischof Forcade bestimmt, der zum Erzbischof von Aix ernannt worden war. Er war aber noch in Nevers. Als ich ihre Arbeit bewunderte, sagte sie lächelnd: ›Finden Sie das wunderbar, einen Stich nach dem anderen zu machen?‹ Von den Erscheinungen in Lourdes hatte sie ähnlich gesprochen. Sie sagte: ›Irgendeine andere hätte es ebenso sein können.‹ So war Bernadette.« Von Bernadettes stets tätigen Händen handelt auch der Bericht von Ernest Guynot über ein weiteres Küchenmädchen, dem sich Schwester Marie-Bernard liebevoll zugewandt hatte: »Unsere Schwestern in Nevers hatten ein junges Küchenmädchen, *Katharina Aulard*. Sie hatte ein gutes bäuerliches Gesicht und war dreizehn Jahre alt. […] Natürlich hätte Katharina auch gern Bernadette gesehen. Als es ihr [Bernadette] besser ging, kam sie einmal unverhofft, freundlich lächelnd, in die Küche. Man stellte ihr das neue Küchenmädchen vor. Bernadette faßte die Kleine an den Schultern und küßte sie auf beide Wangen, als ob diese ihre kleine Schwester wäre. Sie ermahnte sie, gut und folgsam zu sein und die Heilige Jungfrau zu lieben. Katharina berichtet weiter: ›Manchmal sahen wir Bernadette im Garten. Sie ging in der Allee spazieren oder saß auf einer Bank bei der Kapelle des heiligen Josef mit einer Handarbeit beschäftigt. Voll Freude eilten wir zu ihr hin und reichten ihr die Hand. Sie unterhielt sich einige Minuten ganz freundschaftlich mit uns. Manchmal mußten wir Äpfel oder Birnen pflücken. Wenn Bernadette dies bemerkte, sammelte sie Äpfel und legte sie in Häufchen auf den Gartenweg. Sie war so gut und dabei immer heiter. Vor einigen Monaten [in den 1930er Jahren] hörte ich eine Predigt, die mich sehr erzürnte. Der Prediger sagte, die kleine Heilige sei in Saint-Gildard hart behandelt worden. Ich hätte am liebsten laut protestiert. Das Gegenteil ist wahr. Alle verehrten und liebten sie.‹«

Die geschickten Hände Schwester Marie-Bernards brachten noch andere schöne Dinge in die Klostergemeinschaft ein, wie zum Beispiel die von Bernadette selbst verzierten Ostereier, die sie den Kindern im Asyl schenkte. Sie konnte sehr gut malen und zeichnen, ein Talent, was ihr auch bei den Stickereien sehr nützlich war. Die große Bedeutung, die diese Begabung bei ihr hatte, macht die Erzählung deutlich, die Ernest Guynot wiedergibt: »Das folgende wird von einer ehrwürdigen 85jährigen Klosterfrau berichtet. ›Ich weiß nicht viel über Schwester Marie-Bernard‹, sagte sie. ›Im Jahre 1878 lernte ich sie kennen, ein Jahr vor ihrem Tod. Sie mußte fast immer das Bett hüten. Einmal sah ich sie mit ihren Krücken auf die Empore der Kapelle gehen. Ich hatte den Auftrag, ihr vor dem Kommunionsempfang morgens bei der Toilette zu helfen. Gesprochen wurde nur das Notwendigste, es sollte ja der Geistliche mit dem Allerheiligsten kommen. Ich glaube, es war der gute Vater Douce, ein Marist und Direktor des Priesterseminars.‹ *Guynot*: ›Haben Sie Bernadette klagen hören?‹ ›Niemals, sie klagte weder über Schmerzen noch über schlaflose Nächte, noch über mich, die ich manchmal Ungeschicklichkeiten beging. Ich stellte jeden Morgen ein kleines Tischchen an ihr Bett. Dabei glitt einmal die Schublade heraus und fiel mit ihrem ganzen Inhalt auf den Boden. Sechs Ostereier, die sie angemalt hatte, zerbrachen. Ein schönes Stück Arbeit! Diese Eier wurden gewöhnlich an Freunde des Hauses und an Kinder verteilt. Malen war die Lieblingsbeschäftigung Schwester Marie-Bernards. Wie habe ich mich über mein Ungeschick geärgert!‹ *Guynot*: ›Bernadette wird sich ebenso geärgert haben. Hat sie es Sie fühlen lassen?‹ ›Nicht im geringsten. Sie sagte nur ›ah!‹, und dann ohne Gemütsbewegung: ›Sie müssen es der Frau Meisterin melden!‹ – ›Warum das?‹ – ›Weil es so üblich ist. Wenn eine Novizin eine Ungeschicklichkeit begeht, muß sie es der Meisterin bekennen.‹« Diese Reaktion Bernadettes zeigt uns sehr deutlich, dass sie ihren Vorsatz, den sie 1875 in ihr geistliches Notizbuch geschrieben hat: »Alles für den Herrn schweigend zu ertragen«, bereits in bester Weise erfüllt hat.

Abschließen möchte ich dieses Kapitel mit der kleinen Erzählung, die Ernest Guynot von *Schwester Eudoxia* hörte: »An einem Donnerstag im Juni, dem Tag vor dem Herz-Jesu-Fest, war die große Prozession vorzubereiten. Das ganze Haus war in Bewegung. Eine Profeßschwester sagte zu mir: ›Schwester Marie-Bernard braucht eine Hilfe. Gehen Sie zu ihr!‹ Voll Freude eilte ich zu Bernadette. Ich fand sie an einem Tisch. Sie steckte Federn in kleine Ballen weißer Baumwolle und formte Tauben. Ein Täubchen gelang ihr besonders gut, es war klein und niedlich. Sie hatte eine Vorliebe für alles Kleine. Sie setzte es der Herz-Jesu-Statue auf den Arm, ganz nahe am heiligsten Herzen. Dabei sagte sie: ›Welches Glück du hast, kleine Taube! Wie gern wäre ich an deinem Platz!‹ Und sie küßte das Täubchen. Ich verstand, daß dieser Kuß unserem Herrn galt. Ich bewunderte ihr unbekümmertes, natürliches Empfinden, diese reine Einfalt, wie sie Kindern und Heiligen eigen ist.«

Schwester Marie-Bernard, die Krankenschwester

Dreizehn Jahre lebte Bernadette in Saint-Gildard und wenn sie nicht selbst krank war, was leider häufig vorkam, arbeitete sie mit ihren geschickten Händen als Hilfskrankenschwester, als verantwortliche Leiterin der Krankenstation und als Sakristanin.

Als eine geschickte Pflegerin hatte Bernadette sich ebenfalls schon im großen Haus der Schwestern in Lourdes nützlich gemacht, wie André Ravier berichtet. Bereits im Jahre 1863 half sie der Krankenschwester im Hospiz, und man hatte ihr die Pflege einiger »recht ekelhafter« alter Leute anvertraut, bei der ihr niemand die Bürde streitig machte. »Sie arbeitet emsig und liebevoll. Es beginnt ihr Freude zu machen.« Das sagten die Schwestern über sie. Und Bernadette hatte Erfolg, denn sie empfand, ähnlich wie der heilige Franziskus bei den Aussätzigen, keinen Ekel vor dem noch so abstoßend wirkenden Äußeren dieser alten Leute, sondern behandelte sie aus ihrem Herzen heraus in reinster Nächstenliebe. Jean Barbet berichtet über eine alte Trinkerin, die Bernadette pflegen durfte. »Im Krankenhaus pflegte sie gerne die Patienten; sie tat es mit Hingabe und Humor. Eines Tages übergab man ihr ein zerlumptes Weibchen, das mit dem Kopf voran in ein Kohlenfeuer gefallen war, weil sie dem Wein zu sehr zugesprochen. Die Gute hatte sich dabei fürchterlich verbrannt. Bernadette bat darum, sie pflegen zu dürfen. Als die Frau wieder gesund war und Anstalten machte, das Hospital zu verlassen, sagte Bernadette lachend zu ihr: ›Musst halt in Zukunft nicht so viel süffeln!‹« An eine befreundete Schwester schrieb sie: »Ich pflege die Kranken gerne. Wenn es mir gut geht, darf ich für eine Frau sorgen. Außer mir kümmert sich niemand um sie. Ich werde durchhalten.«

Diese Tätigkeit im Dienst an den Kranken verrichtete Schwester Marie-Bernard auch in Nevers mit großer Freude, doch da sie keine Ausbildung hatte, betrachtete sie ihr Tun weitestgehend als einen Akt der Nächstenliebe. Bereits im Jahre 1869 arbeitete sie in der Infirmie, der Krankenabteilung. Werner Radspieler schreibt: »Obwohl Bernadette keine Ausbildung hatte, pflegte sie die Kranken mit solcher Hingabe, dass sie das volle Vertrauen der Ärzte genoss und ihr zeitweise die Leitung der Krankenstation übertragen wurde. Die Ärzte schätzten vor allem ihre Hingabe und ihre Fröhlichkeit im Umgang mit den Kranken. Für Bernadette war es eine Ehre, Kranke pflegen zu dürfen. Daneben unterstützte sie die Sakristanin und kümmerte sich um die Belange der neuen Novizinnen. Sie versuchte mit jedem gut auszukommen und hatte auch vor den Preußen, die im deutsch-französischen Krieg von 1870/71 [19. Juli 1870 bis 10. Mai 1871] auf Nevers vorrückten, keine Angst. Während die meisten Schwestern sich in Sicherheit brachten, blieb Bernadette, um weiterhin die Kranken und Verletzten zu betreuen.«

Pater Ravier berichtet, wie es während dieser Zeit in Saint-Gildard aussah: »In Frankreich bricht der furchtbare Krieg mit Deutschland aus. Im August stellt die Generaloberin die Schwestern von Nevers dem Kriegsministerium zur Hilfe für die Verwundeten zur Verfügung. Am 3. Oktober wird Saint-Gildard in ein Hospital umgewandelt. Zwischen dem 16. und 20. Dezember bereiten die Schwestern sich auf das Verlassen des Klosters vor und packen ihre Koffer. Der 25. Dezember ist ein grauer Weihnachtstag in Saint-Gildard, keine Mitternachtsmesse, kein Gottesdienst. Schwester Marie-Bernard übernimmt ab 20. April 1870 die Verantwortung für die Krankenstation, da die zuständige Krankenpflegerin schwer erkrankt ist Auch sie selbst übersteht nur schwer gesundheitliche Rückfälle.«

Professor Dr. Alfred Läpple stellt fest: » […] die Niederlage Frankreichs, die Absetzung Napoleons III. durch die Deutschen (Bernadette spricht von den »Preußen«), die Ausrufung der französischen Republik im Jahre 1870 und des Deutschen Kaiserreiches im Spiegelsaal von Versailles am 18. Januar 1871 hat Bernadette Soubirous persönlich als Schwester im Kloster Saint-Gildard in Nevers erlebt. Sie war am Schicksal ihres französischen Volkes keineswegs ungerührt. Während des deutsch-französischen Kriegs schrieb Bernadette, damals bereits Schwester Marie-Bernard, im November 1870 an ihren Vater: › … man erzählt, daß der Feind sich Nevers nähert. Ich würde gern darauf verzichten, den Preußen zu begegnen, aber ich fürchte sie nicht: Gott ist überall, auch mitten unter den Preußen.‹«

Auch nach dem Krieg war Bernadette weiterhin in der Krankenabteilung in Saint-Gildard tätig, wo sie die ihr zeitweise von den Ärzten übertragene Leitung sehr ernst nahm. Ernest Guynot schreibt: »Bernadette wurde während der dreizehn Jahre, die sie in Nevers verbrachte, von vielen Schwestern glühend verehrt. […] *Mutter Irene* bekennt: ›Was mich nach Nevers hinzog, war Bernadette. Manche Novizin wäre gern in der Krankenabteilung tätig gewesen, um nach den Weisungen Bernadettes arbeiten zu können. Eine hielt sogar eine Novene, damit sie krank wird – nicht so schwer, daß sie nach Hause geschickt wird, aber doch so, daß sie von Bernadette gepflegt werden muß. Tatsächlich bekam sie bald eine Angina und kam in die Krankenabteilung. Die Erinnerung daran war eine der schönsten ihres Lebens.‹«

Schwester *Vincent Garros*, die im August 1871 nach Nevers kam, erzählte Ernest Guynot: »Einige Tage später lag ich mit Fieber im Bett; aus Heimweh vergoß ich Tränen. Bernadette pflegte mich. Sie war lieb und gut und tröstete mich, so gut sie konnte: ›Beruhigen Sie sich, Sie werden bald eingewöhnt sein. Alle sind hier sehr gut miteinander.‹«

Schwester Juliane und *Schwester Eudoxia*, die mit Ernest Guynot viele Erinnerungen teilten, erlebten Bernadette als Krankenschwester im Jahr 1872. *Mutter Juliane* erzählt: »›Während meines Noviziates, im Jahre 1872, bin ich einmal von Bernadette gepflegt worden. Sie hat kräftig zugegriffen, moralisch und physisch.‹ *Guynot*: ›Es wird viele Leser freuen, wenn Sie uns Bernadette als Krankenschwester schildern, denn darüber weiß man wenig. Die Biographen meinen, es genüge, wenn sie schreiben, sie war sanft, geschickt und hatte eine feste Hand. Aber sie zeigen uns Bernadette inmitten ihrer Kranken, und das ist es doch, was uns interessiert.‹ *M. Juliane*: ›Urteilen Sie selbst, ob sie fähig war, sich Gehorsam zu verschaffen. Unsere Meisterin sagte eines Tages zu Bernadette: Ich bin es müde, Schwester Juliane dauernd husten zu hören. Nehmen Sie sie mit in die Krankenabteilung! Bernadette schickte mich zu Bett. Dann brachte sie mir ein sehr heißes Getränk und hüllte mich in Decken ein, auch die Schultern. Sie steckte noch das Ende der Decken unter die Matratze, zog die Vorhänge zu und sagte, ich solle mich gut warm halten, daß bald der Schweiß ausbräche. Kaum war ich allein, hatte ich schon ihre Anweisung vergessen. Ich machte mich oben frei, nahm mein ›Handbüchlein für Marienkinder‹ und betete mein Offizium. Dies war der Gipfel des Ungehorsams. Nach etwa fünf Minuten kommt Bernadette, macht mit einer heftigen Bewegung die Bettvorhänge auf und sagte das seitdem vielzitierte Wort: ›Sieh da einen Eifer, der bloß reiner Ungehorsam ist!‹ Sie nimmt mir das Buch aus der Hand und befiehlt, die Arme unter die Decke zu stecken. Das Büchlein nimmt sie mit und geht. Nach einigen Tagen war ich wieder gesund. In der

Rekreation bat ich Bernadette, die die Erholungsstunde sowohl mit den Profeßschwestern als auch mit den Novizinnen verbringen durfte, um mein Handbüchlein. Sie zeigte mit dem Finger zum Büro der Novizenmeisterin und sagte: ›Dort können Sie es holen.‹ Ich hütete mich wohl, dies zu tun. Diese erste Rüge genügte mir.‹«

Schwester Eudoxia konnte Ernest Guynot erzählen: »›Als ich von Bernadette gepflegt wurde, war sie 28 Jahre alt. Dies waren ihre besten Jahre, in denen ihre Gesundheit noch relativ gut war. Sie besaß bereits eine Autorität, als ob sie doppelt so alt gewesen wäre. Sie konnte befehlen und sagte klar und richtig, was zu sagen war. Was sie sagte, war uns jungen Schwestern heilig. Wir waren immer begierig zu hören, was sie sprach oder tat.‹ *Guynot*: ›Mir geht es ähnlich, auch ich möchte gern viele Einzelheiten über Bernadette erfahren. Könnten Sie mir etwas vom Tagesablauf Schwester Marie-Bernards als Krankenschwester erzählen?‹ *Schwester Eudoxia*: ›Sie kam jeden Morgen gegen 7.45 Uhr, fragte nach unserem Befinden und servierte uns das Frühstück, das eine Novizin aus der Küche gebracht hatte. Sie ging von einem Krankenzimmer ins andere und hatte keine Zeit, sich hinzusetzen. Manchmal sprach sie ein erbauendes Wort, wie ›Liebt den guten Gott, meine Kinder. Darin liegt alles!‹ Mittags betete sie uns den ›Engel des Herrn‹ vor, servierte das Mittagessen und stellte dann das Geschirr an seinen Platz. Jetzt erst fand sie Zeit, ein wenig bei einem Spaziergang im Garten aufzuatmen. Zuvor sagte sie einmal: ›Meine Kinder, seid recht ordentlich, ich lasse euch einen Augenblick allein. Ich muss meinen Vater besuchen!‹ Damit meinte sie den heiligen Josef in der Kapelle im Garten. (Diese Kapelle wurde [am 16. Juli (!)] 1944 durch englische Bomben zerstört und 1955 wieder aufgebaut.) Gegen 16 Uhr kam sie wieder und teilte das Vesperbrot aus. Als ich meine Tasse Milch bekam, sagte ich zu ihr: Liebe Schwester, ich glaube, man kann in der Josefskapelle gut beten. Sie lächelte und sagte: ›Ich gehe hin, so oft ich kann.‹«

Schwester Marie-Bernard und der heilige Joseph

Die Bedeutung der Tatsache, dass Bernadette den heiligen Joseph ihren Vater nannte, nimmt André Doze näher in den Blick.

»Der Tag, an dem Pius IX. seine große Proklamation über den Ruhm des hl. Josef formuliert, in der er ihn zum Schutzpatron der gesamten Kirche erklärt, ist der vierte Jahrestag des Todes von Louise Soubirous, ein Tod, der Maria Bernadette zur Mutter gegeben hatte. Der Tod des heißgeliebten Vaters, François Soubirous, sollte drei Monate nach der Proklamation des Vatikans folgen, am 4. März 1871, am ersten Samstag des Josefmonats. Bernadette, die sich bereits seit viereinhalb Jahren in Nevers befindet, begreift, dass Josef nun ihr Vater geworden ist. [...] François war der ›vielgeliebte Papa‹, Bernadettes liebster Mensch auf Erden; wie wir sehen werden, wird er Bernadette direkt in dieses so seltene Verstehen des Mysteriums des hl. Josef führen. [...] Eine Schwester ertappt sie, als sie, im Zusammenhang mit einer Novene zur Jungfrau Maria, vor einer Statue des hl. Josef betet: ›Du bist durcheinander ...‹ ›Zwischen der allerseligsten Jungfrau und dem hl. Josef herrscht auch im Himmel vollkommene Harmonie, es gibt dort keine Eifersucht ...‹ Worte, die in ihrer Einfachheit verblüffen und die endlich zusammenbringen, was Gott verbunden hat und was wir beständig trennen! Dieselbe Idee sollte sie sechs Jahre später erneut aufgreifen in einem Brief, den sie am 3. April 1872 an Mutter Alexandrine Roques adressierte; sie erklärt darin, dass ihre Gebete nicht erhört wurden, obwohl sie den Monat des hl. Josef für die Genesung der Generaloberin aufgeopfert hatte …, dass dann aber Maria einschritt: ›Bis jetzt wollte ich in keiner Weise die Gefühle des hl. Josef verletzen, den ich sehr liebe, aber im Himmel ist niemand beleidigt!‹ Schwester Vincent Garros, eine Landsmännin, erinnert sich daran, mit welchem Vertrauen sie diesen Heiligen um die Gnade bat, ›Jesus und Maria so zu lieben, wie sie es wünschen, geliebt zu werden‹, so als ob der Heilige Geist ihr dieses wichtige Geheimnis ganz genau anvertraut hätte. […]

Ein Mitglied der heiligen Familie zu sein, setzt einen Glauben voraus, der mit kindlichem Vertrauen erfüllt ist und der rein menschlichen Bestrebungen entgegengesetzt ist. […] Bernadettes Beitrag hierzu scheint ein ganz eigener zu sein. Niemand hat mehr als sie ganz und gar die eigenen Begrenzungen, die eigene Nichtigkeit gespürt und war sich doch gleichzeitig bewusst, dass sie tief von Gott geliebt wurde und – das ist das Besondere –, dass sie ständig von Maria und Josef umgeben war. […] Ihrem kleinen Notizbuch […] vertraut sie an: ›Oh Unbefleckte Maria, oh glorreicher Josef! Und du, hl. Johannes, Lieblingsschüler des Herzens Jesu, lehrt mich die große Wissenschaft der Liebe … Was macht es schon, wenn nichts nach außen hin sichtbar wird, solange ich nur Jesus nachahme und im Schoß Mariens bin wie Jesus und mit Freuden die Entbehrungen, die Leiden und Demütigungen annehme wie Jesus, Maria und Josef, um Gott zu verherrlichen.‹ […] Und Bernadette sagt: ›Wenn man nicht weiß, wie man beten soll, so wendet man sich an den hl. Josef.‹ Sie verbrachte Stunden im hinteren Teil des Gartens, in jener kleinen Kapelle, die ihm geweiht war.«

Schwester Marie-Bernards Leidensweg

Schwester Marie-Bernard ging einen körperlichen und einen seelischen Leidensweg, der dadurch verstärkt wurde, dass sie sich bis zu ihrem Tod niemals sicher war, ob sie sich auch wirklich genug anstrengte, um Jesus in seinem Leiden nachzufolgen und ob sie den vielen erhaltenen Gnaden auch entsprochen hatte. Wie hoch der Anspruch war, den Bernadette an sich selbst stellte, gibt uns ein Blick in ihr persönliches Notizbuch, das »Carnet«: [In den eckigen Klammern finden sich Ergänzungen zur Abrundung des deutschen Textes von Kurt L. Theisinger.]

- »O Jesus und Maria, macht doch, daß mein ganzer Trost in dieser Welt darin besteht, Euch zu lieben und für die Sünder zu leiden.«

- »Wer nicht bereit ist, alles für den Vielgeliebten zu erleiden und in allem seinen heiligen Willen zu tun, ist des süßen Namens ›Freund‹ nicht würdig. Denn hienieden lebt die Liebe nicht ohne Schmerz.«

- »Wenn man das Kreuz liebt, findet man sein Herz. Denn die göttliche Liebe lebt nicht ohne Schmerz.«

- »O Jesus, bewahre mich unter dem Feldzeichen Deines Kreuzes. Das Kreuz möge nicht nur unter meinen Augen, über meiner Brust sein, sondern ganz in meinem Herzen, lebendig in mir. Ich möchte selbst diese[r] Gekreuzigte sein, [in] heftige[r] Glut, durch die Verbindung der Eucharistie in ihn umgewandelt, durch die Betrachtung seines Lebens, der innigsten Gefühle seines Herzens, indem ich die Seelen nicht an mich ziehe, sondern an ihn, von der Höhe dieses Kreuzes, wo er lebt und wo seine Liebe mich im Leben für immer festhält.«

- »Meine Krone im Himmel muß von Unschuld schimmern und [von] Blumen, die wie die Sonne glänzen. Die Opfer sind die Blumen, die Jesus und Maria ausgewählt haben. Ich muß ein Opfer[tier] sein, das heißt, ich muß tagtäglich nach Jesu und Mariens Beispiel von Opfern leben.«

- »Gehorchen, um Jesus zu gefallen, das ist lieben. Alles von den Geschöpfen ertragen, um Jesus zu gefallen, das ist lieben.«

André Ravier, der das »Carnet« bearbeitet hat, schreibt in seinem Essay über Bernadette:

»Christus mußte leiden, um in seine Herrlichkeit einzugehen. Dieser Gedanke zieht sich durch diese Notizen. Und ebenso der Gedanke der Gottesliebe, die sich manchmal in dem Wunsch nach Einsamkeit ausdrückt, allein zu sein mit Jesus, durch Jesus. ›*Nimm jeden meiner Träume, jeden Schrei meiner Schmerzen als demütige Bitte für alle, die weinen, für alle, die dich vergessen haben.*‹ Und dieser ›Kreuzweg‹ schließt sich nicht für sie selbst, sondern führt direkt zum Himmel und seinen Wonnen, führt in die Herrlichkeit Gottes. [...] Diese Frömmigkeit gehört eigentlich nicht ins 19. Jh., wie man angenommen hat; sie ist tief in der Tradition des Christentums verwurzelt und im Leben und in der Sendung Jesu Christi. Diese Gottesliebe Bernadettes ist fromm, existentiell und befreit und wahr. Die Prüfungen und der Schmerz werden nicht verschwiegen, aber sie finden ihren Sinn in einer Liebe, die sie übersteigt und sie davonträgt. Ein kurzes Gebet, das zweifellos nicht abgeschrieben ist, sondern dem Herzen von Schwester Marie-Bernard entstammt, drückt das klar aus: ›*O Jesus, sei meine Kraft und meine Tugend.*‹ [...]

In dieser Liebe opfert sich die hl. Bernadette ›ohne Wenn, ohne Aber, ohne Ausnahme‹, wie sie nach der hl. Johanna von Chantal sagte. ›Sie gab mehr, als sie geben konnte‹, sagte Abbé Febvre ganz richtig. Und wenn eine Seele sich völlig dieser Liebe opfert, behandelt sie der Vater ein wenig so, wie er seinen eigenen Sohn behandelt hat:

›*Es ist sehr schmerzhaft,*‹ sagte Schwester Marie-Bernard 1875 zu Schwester Julie Garros während eines schweren Asthmaanfalls, ›*nicht atmen zu können, aber es ist noch viel mühsamer, durch die inneren Schmerzen gepeinigt zu sein. Das ist furchtbar.*‹ Auch für Christus war der Todeskampf von Gethsemani schlimmer als das Kreuz von Golgotha. Sie stellt sich gleich mit den Sündern, sie betrachtet sich als eine von ihnen, sie distanziert sich nicht. Erinnern wir uns an die Worte an Mutter Ursule Fardes: ›*vor allem die Sünder sind unsere Brüder.*‹ In einem Gebetbuch, das man in der Kongregation der Schwestern in Nevers benutzte, las sie im Kapitel über ›Rückblick auf die letzten Monate‹, das zur Vorbereitung auf den Tod dienen sollte, die veränderte Form des Ave-Maria: ›Heilige Maria, Mutter Gottes, bitte für mich, arme Sünderin, jetzt und in der Stunde des Todes.‹ Bernadette ist nicht erstaunt, als ihr diese Worte im Augenblick des Todes wieder auf die Lippen kommen. Aber sie betete diese beiden Worte ›arme Sünderin‹ mit einer solchen Beharrlichkeit, die uns zeigt, wie sehr sie diese Worte vor ihrem Tod in sich aufgenommen hatte: Das sanfte ›Gegrüßest seist Du, Maria‹ von Massabielle wurde das Gebet ihres ganz persönlichen Schicksals.«

Bernadettes Lebenseinstellung wird auch deutlich in dem Brief, den sie am 17. Dezember 1876 an Papst Pius IX. schrieb, worum der Bischof de Ladoue von Nevers sie höchstpersönlich gebeten hatte, bevor er nach Rom reiste. »Darin nannte sie sich eine ›*kleine Gardistin Seiner Heiligkeit*‹ und sagte ihm, was sie für ihn tun könne: Nur ›*leiden und beten*‹«, wie Dom Bernard Billet berichtet. »Im Gegenzug schickte ihr der Heilige Vater einen päpstlichen Segen und ein Kruzifix, das sie am 16. April 1879 in den Händen hielt, als sie ihre Seele Gott zurück gab in der Gewissheit, dass die Heilige Jungfrau ihr Versprechen halten würde, sie im Himmel ›*glücklich*‹ zu machen …« André Ravier gibt einen Auschnitt aus diesem Brief wieder:

»›Was könnte ich tun, Heiliger Vater, um Ihnen meine tiefste Anerkennung zu beweisen? Meine Waffen sind das Gebet und das Sühneopfer, daß ich bis zu meinem letzten Atemzug aushalten will. Erst dann kann ich die Waffe der Buße und Sühne niederlegen, mein Gebet aber wird mir in den Himmel nachfolgen, wo es besser gedeihen kann als auf Erden. Ich bete jeden Tag, daß das hl. Herz Jesu und das Unbefleckte Herz von Maria Sie noch lange in unserer Mitte leben läßt. Es scheint mir jedes Mal, wenn ich entsprechend Ihren Wünschen bete, daß vom Himmel die hl. Jungfrau ihre Blicke auf Sie lenkt, lieber Heiliger Vater, weil Sie ja die Unbeflecktheit verkündet haben, und weil dann vier Jahre später die gute Mutter Maria auf die Erde kam, um zu sagen: ich bin die Unbefleckte …‹«

Seit Beginn ihrer Asthmaerkrankung wurde Bernadette immer wieder von zum Teil lebensbedrohlichen Asthmaanfällen geplagt, die zu den häufigen Krankheitsphasen in ihrem Leben führten. Doch Anfang der 1870er Jahre bildete sich zusätzlich an ihrem rechten Knie ein Tumor, der der Beginn einer unheilbaren und sehr schmerzhaften Knochentuberkulose war. Als sich bei ihr diese Krankheit einstellte, machten ihr die Schwestern den Vorschlag, sie nach Lourdes zu bringen, damit auch sie in der Quelle baden könne, die schon so vielen Menschen Heilung gebracht hat. Doch Bernadette lehnte das entschieden mit der Begründung ab. »Nein, die Quelle fließt nicht für mich.« Sie wollte keine Heilung von ihrem Leiden suchen, sondern ihrer Berufung treu bleiben und den bitteren Kelch bis zur Neige trinken, wie ihr geliebter Jesus es getan hat. Buße wollte sie tun und Sühne leisten für sich und für alle Sünder der Welt. Dabei empfand sie die von Herzen kommende Pflege der Schwestern und Vorgesetzten niemals als eine Selbstverständlichkeit, sondern hörte während der dreizehn Jahre in Saint-Gildard nicht auf, dafür zu danken.

Über Bernadettes gesundheitliche Schwankungen schreibt André Ravier: »Von 1867 bis zum 3. Juni 1873 berichtet das Tagebuch des Klosters von vielen gesundheitlichen Rückschlägen Schwester Marie-Bernards. [...] Im Januar 1873 wird sie erneut bettlägerig [stark asthmakrank]. Am 3. Juni erhält sie erneut die Krankensalbung. Seit Anfang Januar 1874 erholt sich Schwester Marie-Bernard langsam. Im April 1875 wird sie erneut bettlägerig, von da an erholt sie sich nicht mehr.« Das lag vor allem an ihrer fortschreitenden Knochentuberkulose.

Die Erzählungen von Bernadettes Mitschwestern ergänzen die Daten von André Ravier. Im Jahre 1872 war ihre Gesundheit noch relativ gut. Anfang April 1875 war sie krank und hatte Schmerzen, ebenfalls im Juli 1875. Am 30. Juni 1876 war sie wieder auf der Krankenstation. Doch im August nahm sie, auf einen Stock gestützt wegen ihres schmerzenden Knies, an einer Messe teil. Im Sommer 1877 ging es ihr besser. Im Mai 1878 hatte sie so sehr unter der Knochentuberkulose zu leiden, dass sie fast die ganze Zeit im Bett verbrachte. Ernest Guynot schreibt, dass Schwester *Emilie Marillac* 1907 in einem Brief aus Clamecy an die Generaloberin von einer sehr schmerzhaften Krise der kranken Bernadette berichtet: »Keine Klage kam von ihren Lippen. Sie betrachtete das Kruzifix und sprach immer wieder den Namen *Jesus* aus. Ich fragte: ›Sie leiden, liebe Schwester?‹ – ›Es ist nichts. Es muß so sein!‹«

André Ravier schreibt: »Im September [am 22.] 1878 kann sie – ein letztes Mal – aufstehen, um zur Kapelle zu gehen und einer Zeremonie beizuwohnen, die sie als großes Glück empfindet. Bernadette legt entsprechend den neuen Konstitutionen die ewigen Gelübde ab, da ihre Gesundheit es ihr vor einem Jahr anläßlich der Profeß ihrer Mitschwestern nicht erlaubt hatte, diese Gelübde abzulegen. Schwester Marie-Bernard spricht als älteste der Schwestern die Gelübde, die sie als ›eine große Gnade‹ empfindet. [...] Am 30. Oktober 1878 wurde die Krankenstation der Schwestern in ein Zimmer verlegt, dem man den Namen des hl. Kreuzes gegeben hatte.« Hier verbrachte Schwester Marie-Bernard die letzten Monate ihres Lebens; in ihrer »weißen Kapelle«, wie sie ihr Bett wegen der weißen Bettvorhänge, die man schließen konnte, nannte.

Jean Barbet berichtet: »Das Asthma, das ihr ganzes Leben belastet hatte, kehrte mit häufigen Anfällen wieder. Die Lungen waren von Mal zu Mal schwächer und schmerzender geworden. Ihr rechtes Knie war von einem riesigen Tumor bedeckt und gelähmt. Allmählich wurde das Knochenmark von Fäulnis befallen. Die arme Kranke konnte das Bett oder den Sessel nicht mehr verlassen. Schliesslich lag sie nur mehr auf schmerzenden Wunden, die ihren zarten Körper bedeckten. Wie ihr himmlischer Bräutigam, war die Schwester arg ans Kreuz geschlagen. Die Heftigkeit der Schmerzen liess sie Schreie ausstossen, die sie nicht zurückhalten konnte, doch verwandelte sie diese in inbrünstige Gebete und sie sagte mit grosser Kraft: ›Mein Gott, ich liebe Dich! Ja, Herr, ich verlange, ich verlange nach Deinem Kreuz!‹ [...] Es ist schwer, sich eine Vorstellung von den Leiden zu machen, die sie in ihren letzten Tagen auszuhalten hatte. Aber in dem Masse, wie sich ihr Körper verzehrte, erlangte ihre Seele eine neue Kraft. Das Leben schien sich in ihren grossen Augen zu konzentrieren, die immer klarer und leuchtender wurden. Sie belebten sich mit einem himmlischen Feuer, wenn ihre Gedanken im Jenseits weilten oder wenn sie das Kreuz und das Bild Mariens betrachtete.«

Schwester Saint-Michel Duchème erzählte Ernest Guynot: »Einige Wochen vor ihrem Tod habe ich bei ihr eine Nachtwache gehalten. Man hatte mir gesagt: Seien Sie ständig zu ihrer Verfügung und geben Sie ihr, was sie haben möchte. Ich zog mich in den kleinen Raum neben ihrem Krankenzimmer zurück und ließ die Tür offen. Es war eine schlimme Nacht. Ich war noch jung und leicht erregbar; ich mußte dem Martyrium der armen Schwester ohnmächtig zusehen. Sie hatte einen großen Tumor am Knie, dazu Knochenfraß. Ich höre noch ihr Stöhnen. Sie wollte es immer wieder unterdrücken, aus Rücksicht auf mich. […] Das Stöhnen dauerte die ganze Nacht. Mutter Eléonore Cassagnes besuchte sie und sagte zu ihr: ›Wir bitten Gott um Erleichterung für Sie.‹ Bernadette antwortete: ›Nein, nicht um Erleichterung, aber um Geduld.‹«

»Im Laufe der Jahre«, schreibt Pater Ravier, »haben wir den langen, unerbittlichen und immer schmerzhafteren Abbau ihres mageren Körpers erlebt, und mit dieser Zerstörung nach und nach ihre Abkehr vom Irdischen, um mit dem hl. Paulus zu sprechen. Die Generaloberin erklärte Pater Cros, der sie nach dem Tode von Schwester Marie-Bernard fragte: ›Sie hat viel gelitten – sie hat die meiste Zeit auf der Krankenstation verbracht. In den letzten Monaten lag sie manchmal eine Stunde regungslos, wie tot, da. Selbst sie, die sehr tapfer litt, wurde von der Krankheit besiegt …, sie schrie im Schlaf bei der kleinsten Bewegung ihres Knies vor Schmerzen, sie verbrachte schlaflose Nächte. Im Winter vor ihrem Tod konnten auch ihre Mitschwestern nachts nicht schlafen, da sie vor Schmerzen laut schrie. Sie magerte ab und war fast ein Nichts.‹ Bernadette selbst aber berichtete in ihren Briefen kaum von ihren Leiden, und wenn sie einmal davon sprechen mußte, berichtete sie frei, manchmal sogar freudig. Ihre Schwester und ihre Brüder wußten kaum, daß sie krank war, weil sie ihnen immer schrieb, daß es ihr gut ginge. […] Schwester Marie-Bernard beklagte sich nie über ihre körperlichen Leiden, sie spielte aber auch nicht die Heldin. Sie war zweifellos durch ihre Kindheit und

Erfahrungen daran gewöhnt, Schmerzen zu ertragen. ›Sie können sicher sein‹, sagte sie eines Tages zu Schwester Cécile Pages, die ihr ein Zugpflaster auflegte, ›ich bin abgehärtet gegen diese Krankheit – wie eine Katze.‹ Im Jahre 1878 stellte sie in der Nähe ihres Krankenbettes ein Bildnis ihres Schutzpatrons, des hl. Bernhard, auf; einer Schwester, die sie fragte, ob sie zu ihm bete, antwortete sie: ›Ich bete sehr gern zu ihm, aber ich verzweifle nicht. Der hl. Bernhard wünscht, daß ich leide, ich aber würde es gern vermeiden, wenn ich könnte.‹ So war sie nicht eins mit ihrem Schutzpatron. Alles in ihr war fröhlich, eigensinnig und ein bißchen verschmitzt, sie liebte Spiele, schöne Spaziergänge.«

»Als Bernadette fühlte, dass der Tod naht […] nimmt sie alle ihre Kraft zusammen und bittet ›ihren Vater‹ an jenem 19. März 1879 um die Gnade eines guten Todes. Abbé Febvre, der Seelsorger des Klosters, ist überrascht von der Kraft, die sie noch aufbringt, um eine solche Bitte zu äußern. Sie betet nicht darum, dass sie geheilt werde oder dass ihre Leiden nachlassen, sondern um den Mut, bis zum Ende durchzuhalten. Dies sollte ihr letzter 19. März sein, er fällt auf einen Mittwoch. [Der Tag des heiligen Joseph.]« Das schreibt André Doze. André Ravier berichtet weiter:

»Am 28. März 1879, am Freitag vor dem Passionssonntag, wird Schwester Marie-Bernard immer schwächer, Abbé Febvre versieht sie ein viertes Mal mit den Krankensakramenten. Sie empfängt sie mit lebendigem Glauben. In dem Moment, als sie die Kommunion empfing, berichtet die Generaloberin, wurde ihre Stimme ein wenig stärker, was alle Leute erstaunte – weil sie, so glaube ich, mich sehr weit weg sah (die Generaloberin kam etwas zu spät und befand sich ein wenig entfernt vom Bett der Kranken). ›*Meine liebe Mutter*‹, sagte Schwester Marie-Bernard, ›*ich möchte Sie um Verzeihung für alle*

Mühen bitten, die ich Ihnen gemacht habe, und für alle meine Verfehlungen der klösterlichen Regeln – und bei meinen Mitschwestern für das schlechte Beispiel, das ich ihnen gegeben habe, vor allem durch meinen Hochmut.‹ Sie spricht diese Worte im Ton der Überzeugung aus wie ein Prediger, der seine Zuhörer zur Aufmerksamkeit zwingen will, bemerkt die Mutter Sekretärin.«

Schwester Alfonsa, die in der letzten Nacht bei Bernadette wachte, erzählte Ernest Guynot: »Schwester Marie-Bernard mußte die ganze Zeit das Bett oder das Zimmer hüten. Meist beobachteten wir Stillschweigen. […] Bernadette blieb bis an ihr Lebensende, wie sie immer gewesen war, heiter und liebenswürdig. Ich habe sie nie traurig oder bedrückt gesehen. Sie war tätig, solange es ging, und sehr ordnungsliebend. Um sie herum war alles sauber, geordnet und gepflegt. Als sich ihr Zustand verschlimmerte, bekam sie eine Nachtschwester. Ich wachte bei ihr nach dem Osterdienstag. Tags darauf ist sie gestorben. Nach dem Abendgebet, gegen 21 Uhr, ging ich zu ihr. Sie war sehr matt. Ich setzte mich neben ihr Bett. Von Zeit zu Zeit hörte ich schwache Klagelaute, doch kein ungeduldiges oder unzufriedenes Wort kam in dieser endlosen Nacht von ihren Lippen. Öfters bat sie mich, ihr zu helfen, wenn sie sich umwenden wollte. Sie hatte Knochenfraß an einem Knie, das Bein war stark angeschwollen. Während sie sich langsam umwandte, bewegte ich behutsam das kranke Bein nach derselben Richtung, daß die Gelenke nicht in Aktion treten mußten. […] An Bernadette habe ich gesehen, daß Gott auch seinen Lieblingen das Leiden nicht erspart. Dies vergißt man zu oft!«

»Die Karwoche (7.–12. April 1879) war für Schwester Marie-Bernard sehr schmerzhaft«, schreibt Pater Ravier. »Ihr Körper war in einem solchen Zustand, daß ihr, die sie so mutig, so geduldig ihr Leid ertragen hat, durch die fürchterlichen Schmerzen Klagen entschlüpften. ›Oh, ich bitte Sie um Verzeihung, meine Schwester‹, sagte sie zu ihrer Krankenschwester, ›daß ich so gejammert habe.‹

In dieser Woche war für sie die Gelegenheit der bedeutenden Entsagung: Sie mußte alle Bilder, die sie an den großen Schleier über ihrer ›weißen Kapelle‹ angeheftet hatte, abnehmen, sogar das Bild vom hl. Bernhard, ihrem Schutzpatron, das sie aus Lourdes mitgebracht hatte. Es blieb ihr nichts weiter als ein Kruzifix. Es war das Kruzifix, das ihr Papst Pius IX. als Antwort auf ihren Brief vom 17. September 1876 geschickt hatte. An Mutter Cresseil, die ihr im September 1876 einen ›großen Christus‹ geschickt hatte, schrieb sie: ›Ich bin glücklicher mit meinem Christus auf meinem Krankenbett als eine Königin auf ihrem Thron.‹ In diesem Augenblick begnügte sie sich mit einem einfachen und aus tiefster Seele kommenden Satz: ›Er genügt mir.‹

Ostermontag, 14. April. Sie kleidet ihre Schmerzen in Worte, in denen ihre ganze glückliche Kindheit in der Mühle von Boly widergespiegelt wird: ›*Ich bin gemahlen wie ein Weizenkorn.*‹ In der Nacht von Montag auf Dienstag kämpfte sie so etwas wie einen Todeskampf, berichtet Mutter Bordenave, und man hörte sie mehrere Male wiederholen: ›Weiche von mir, Satan!‹

Am Dienstagmorgen, erklärte Abbé Febvre, sagte sie mir, daß der Teufel versucht habe, sie zu erschrecken, aber sie habe den heiligen Namen Jesus ausgerufen, und alles sei verschwunden. Denkt man dabei nicht unwillkürlich an die Angriffe Satans gegen den Pfarrer von Ars? Und wie sie der Pater ermuntert hat, berichtet Mutter Bordenave weiter, ihr Opfer zu erneuern, sagte sie: ›*Welches Opfer? Es ist kein Opfer, diese arme Erde zu verlassen, wo man soviel leiden muß, um dem lieben Gott zu dienen.*‹ Eine ihrer Mitschwestern, die bei ihr war, sagte:

›Meine Schwester, Sie leiden viel?‹ ›*All das ist gut für den Himmel*‹, antwortete sie. ›Ich werde unsere Unbefleckte Jungfrau bitten, Ihnen den Trost zu schicken.‹ ›*Nein, nein, keinen Trost, sondern die Kraft und die Geduld.*‹ Gegen 7 Uhr am Abend kam eine ihrer Freundinnen, Schwester Nathalie Portat, um sie zu besuchen. ›*Meine liebe Schwester*‹, sagte Schwester Marie-Bernard zu ihr, ›*ich habe Angst, ich habe so viel Gnade erhalten und so wenig davon genutzt.*‹ Schwester Nathalie verspricht ihr, der hl. Jungfrau bis zum Ende dafür zu danken. ›*Ah, ich danke Ihnen*‹, sagte die Kranke.

Ostermittwoch, 16. April 1879, gegen 11.30 Uhr. Schwester Marie-Bernard möchte aufstehen. ›Wir setzen sie auf einen Sessel.‹ Um ein Uhr am Mittag wurde der Klostergeistliche überstürzt zur Kranken gerufen. ›Sie saß im Sessel, atmete schwer und hatte stärkste Schmerzen. Sie beichtete nochmals mit innigster Leidenschaft.‹ Dann erhielt sie den Segen, den Papst Pius IX. ihr für den Augenblick des Todes versprochen hat; sie bittet um das Schreiben, weil sie glaubt, es in der Hand halten zu müssen, wenn die Gnade wirksam werden solle. Man macht sie darauf aufmerksam, daß eine rechte Absicht bei der Anrufung des Namens Jesus genügen würde. Sogleich ruft sie ihn an. Um sich nicht vom Kruzifix trennen zu müssen, weil sie es nicht ständig halten konnte, bat sie darum, es ihr auf die Brust zu legen. Mutter Eléonore Cassagnes sagt ihr: ›Meine liebe Schwester, Ihr liegt gut unter dem Kreuz.‹ Sie hob ihre Arme zum Kruzifix, das an der Wand des Krankenzimmers hing, und sagte: ›*Mein Jesus, den ich liebe.*‹

Man sprach die Sterbegebete. Sie wiederholte alles, was man ihr vorbetete, mit schwacher Stimme. Ihr Blick – dieser früher wunderbare, klare, ausgeruhte, lebendige Blick, der nur getrübt war, wenn sie von den Sündern sprach, dieser Blick wurde noch einmal lebendig, dann aber schmerzhaft unter dem Todeskampf – haftete auf dem Kruzifix.

Schwester Bordenave berichtet weiter. ›Eine Stunde vor ihrem Tod hob sie ihre Augen zum Himmel und starrte einige Zeit auf einen einzigen Punkt. Ihr Gesicht strömte Ruhe und Ausgeglichenheit aus, ich weiß nicht, welche sanfte Größe. Dann mit einem undefinierbaren Ausdruck, der mehr Überraschung als Schmerz ausdrückte, schrie sie ›oh, oh, oh‹. Gleichzeitig ging ein Zittern durch ihren Körper. Sie ließ ihre zitternde Hand auf ihr Herz fallen, ihre Augen fielen zu, und mit einer deutlichen Stimme sagte sie: ›Mein Gott, ich liebe dich aus ganzem Herzen, mit meiner ganzen Seele und mit all meinen Kräften.‹

Gegen 3 Uhr nachmittags schien die Kranke einem unsäglichen inneren Schmerz preisgegeben zu sein. Die Krankenschwestern eilten, um das geweihte Wasser zu holen; und während man das Weihwasser mehrere Male über die Sterbende spritzte, sprach man ihr die Sterbegebete vor. Die Kranke ergriff das Kruzifix, betrachtete es einige Augenblicke liebevoll, dann küßte sie langsam die Wunden Christi.

In diesem Moment betritt Schwester Nathalie Portat das Krankenzimmer und setzt sich neben die Sterbende, die ganz in der Betrachtung des Kruzifixes versunken ist. Plötzlich hebt sie den Kopf, streckt die Arme zu Schwester Nathalie, schaut sie mit einem unerklärlichen Blick an und sagt: ›*Meine Schwester, verzeihen Sie mir … beten Sie für mich … beten Sie für mich …*‹ Schwester Nathalie und die beiden Krankenschwestern fallen auf die Knie. Die Kranke vereinigt sich mit ihren Gebeten und wiederholt sie mit schwacher Stimme. Dann fängt sie sich einige Augenblicke, der Kopf neigt sich zur Seite der Krankenschwester, die an ihrer linken Seite kniet, und dann mit einem Ausdruck des Schmerzes und höchster Hingabe erhebt sie ihre Augen zum Himmel, faltet die Hände um das Kreuz und stößt einen Schrei aus: ›Mein Gott‹.

Ein Zittern – die drei Schwestern beginnen wieder zu beten. Eine von ihnen stützt die Arme der Sterbenden, die sie immer noch ausgestreckt hält … Plötzlich läßt Bernadette die Arme fallen und stimmt abermals ein in die Gebete ihrer Mitschwestern. ›Heilige Maria, Mutter Gottes‹, die Sterbende lebt noch einmal auf, und mit einer durchdringenden Betonung, die in diesem Augenblick die allerhöchste Demut und kindliches Vertrauen in die Unbefleckte Jungfrau ausdrückt, wiederholt sie zweimal: ›*Heilige Maria, Mutter Gottes, bitte für mich, arme Sünderin, arme Sünderin …*‹

Der Tod naht … Ein schrecklicher Kampf scheint nochmals diese unschuldige Seele zu ergreifen, diese vorbestimmte Seele, der Gott zweifellos Ähnlichkeit mit unserem Erlöser, der am Kreuze starb, geben wollte. Die Kranke bewegte sich einen Moment und erneuerte zweimal ohne Worte ihre Bitte um Vergebung. Dabei berührt sie Schwester Nathalie flehentlich, hält sie an den Armen und richtet ihren Blick bittend auf sie. Die fromme Schwester versucht, den Wunsch der Sterbenden zu erraten, prüft ihren Blick. Die Sterbende antwortet ihr mit starker Stimme: ›Das ist, weil sie mir geholfen haben‹. Schwester Nathalie erinnert sich jetzt an ihr Versprechen von der Totenwache, der Heiligen Jungfrau bis zum Ende zu danken.

Einige Augenblicke später verlangt die Kranke mit einer Geste etwas zum Trinken, sie macht ein großes Kreuzzeichen, ergreift die Flasche, die ihre kräftigende Arznei enthält, trinkt zwei kleine Tropfen, neigt den Kopf nach vorne und gibt sanft ihre Seele zurück …

Es ist 3 Uhr … die Stunde, in der Christus am Kreuze starb, zur Verherrlichung seines Vaters.«

Der Abschied von Schwester Marie-Bernard

»Nachdem Schwester Marie-Bernard den letzten Seufzer ausgestossen hatte, nahmen alle ihre Mitschwestern mit einem geschwisterlichen Stirnkuss ehrfurchtsvoll von ihr Abschied«, schreibt Jean Barbet. »Am darauffolgenden Morgen wurde die sterbliche Hülle in der Kirche des Klosters aufgebahrt. Bernadette war mit dem schlichten Gewand ihres Standes bekleidet. Ein Kranz aus silbernen Rosen bedeckte ihren schwarzen Schleier. Ihre weissen Hände hielten ihr Kruzifix und schienen es noch fest zu umschliessen. Dieses jungfräuliche Gesicht, das einst in Ekstase erblüht war, blieb im Tod erhalten, war weiss, ruhig und lieblich. Ihre großen Augen, halb von den Lidern verdeckt, machten den Eindruck, als ob sie sich jeden Augenblick öffnen könnten, um die Unbefleckte Jungfrau zu betrachten. Bernadette schien auf diesem siegreichen Bett zu schlummern. Man bekam nicht genug davon, sie anzublicken und die Kinder neigten sich ihr liebevoll zu. Der Körper blieb während drei Tagen ausgestellt. Die Stadt Nevers lief herbei, um die Verstorbene zu betrachten und zu ihren Füssen zu beten. Es erwies sich als notwendig, die Menge an der Pforte zurückzuhalten und im Inneren der Kirche den Besucherstrom zu lenken, damit sich jeder ohne Störung bewegen konnte. Die dichte Menschenmenge verhielt sich ruhig und war von tiefem Respekt erfüllt.«

»Sie wird schließlich feierlich beerdigt im Rahmen einer Zeremonie, die eigentlich einem Fest gleicht«, schreibt André Doze, »am Samstag nach Ostern, dem 19. April, einen Monat nach dem Fest des hl. Josef. Wieder finden wir mit jenem schönen Ostersamstag eine Wochentagsfolge wie bei ihrem Weggang von Lourdes, einen Mittwoch und einen Samstag, so, als ob Josef sich um ihren Tod und Maria um ihr Leben gekümmert hätte.« Nachdem Bischof Lelong eine berührende Ansprache zu Ehren Bernadettes gehalten und feierlich die Absolution erteilt hatte, begleitete ein wahrer Triumphzug Schwester Marie-Bernard zu ihrer Ruhestätte in der kleinen Kapelle des heiligen Joseph, in der sie so viel gebetet hatte. Jean Barbet schreibt: »Die langen Reihen der Schwestern, der Priester und der Gläubigen durchzogen die Alleen des Gartens vom heiligen Gildard, während die Menge Spalier bildete, sich auf den Treppen des Klosters staute und in die Gebete und alle Ehrenbezeugungen einfiel. Eine strahlende Sonne gab dieser Trauerfeier einen festlichen Glanz und erinnerte an den heimatlichen Himmel der Pyrenäen. [...] Am Samstagnachmittag um zwei Uhr, während man in der Grotte von Lourdes für Bernadette betete, legten die Schwestern und einige Priester, die sich in der Kapelle des heiligen Joseph versammelt hatten, an der Seite der Entschlafenen ein Pergament nieder, auf dem in abgekürzter Form ihr gnadenvolles Leben aufgezeichnet war. [...] Dann wurde der doppelte Sarg aus Eichenholz und Blei versiegelt.« Danach blieb der Leichnam Bernadettes in der hell leuchtenden Kapelle des heiligen Joseph und wartete darauf, bis man ihm die letzte Ruhestätte bereitete.

»Wo soll sie endgültig beerdigt werden?« Dieser Frage geht André Doze nach. »Sehr schnell wird die Idee, sie im Friedhof der Schwestern beizusetzen, wieder verworfen, denn sie hatte die allerseligste Jungfrau gesehen, sie war das bevorzugte Kind der Immaculata. Man überlegt, einen Platz im Garten auszusuchen, mit Genehmigung des Bürgermeisters von Nevers. Aber die Genehmigung lässt leider auf sich warten. Man hält es für eine gute Idee, eine Delegation zum Innenminister nach Paris zu schicken, aber der erklärt sich für nicht zuständig. Endlich entschließt sich der Bürgermeister von Nevers, die Beerdigung zu erlauben, wo immer man es wünsche. Inzwischen jedoch hatte die Oberin [Mutter Adelheid Dons] ihre Meinung geändert. Warum sollte man nach allem, was war, Bernadette nicht in der Kapelle des hl. Josef belassen? Im Mai 1879 ist es schließlich so weit: Eine Gruft ist fertiggestellt, abgedeckt mit einem wunderschönen Grabstein. Dorthinein werden Bernadettes sterbliche Überreste gelegt.« Nun ruhte Bernadette in ihrer geliebten Kapelle des heiligen Joseph im Garten von Saint-Gildard.

Da alles, was Bernadette in ihrem Leben nicht persönlich beeinflussen konnte, in den Händen Gottes lag, dürfen wir uns nicht wundern, wenn auch die folgenden Ereignisse die Zeichen des Himmels tragen. So wurde auf Initiative vieler Geistlicher eine Untersuchungskommission zur Seligsprechung Schwester Marie-Bernards einberufen. Sie beendete ihre Arbeit im Herbst 1909. Die vorgeschriebene sogenannte kanonische Leibesdiagnose fand am 22. September 1909 statt. Das waren dreißig Jahre nach Bernadettes Tod – der Zeitraum, den auch Jesus im Verborgenen verbracht hatte! Die Grabplatte wurde abgehoben, der Sarg aus der Vertiefung heraufgeholt und dann geöffnet. Alles war verfallen – mit Ausnahme von Bernadettes Körper, der noch genauso aussah wie im Augenblick ihres Todes vor dreißig Jahren. In dem Bericht, der sich im Archiv von Saint-Gildard befindet, heißt es: »Ihr Gesicht strahlte eine mädchenhafte Schönheit aus, die Augen waren geschlossen, ganz so, als ob sie in friedlichem Schlaf versunken wäre, die Lippen leicht geöffnet. Der Kopf war nach links geneigt, die Hände auf dem Brustkorb gefaltet und mit einem stark verrosteten Rosenkranz umwickelt. Die Haut, unter der man die Adern erkennen konnte, lag ideal am Muskelgewebe an; auch die Fingernägel an den Händen und Füßen waren in hervorragendem Zustand.« Nachdem die Schwestern den Körper gewaschen und neu eingekleidet hatten, wurde er in einen neuen, doppelten Sarg gelegt, der verschlossen und versiegelt und wieder unter der Grabplatte versenkt wurde. Nachdem im Jahre 1923 Papst Pius XI. die Tugenden Bernadettes anerkannte und der Weg zu ihrer Seligsprechung eröffnet war, wurde eine letzte Leibesdiagnose notwendig. Am 18. April 1925 wurde der Sarg aus der Gruft gehoben und in der Kapelle der heiligen Helene geöffnet. Zum großen Erstaunen aller Versammelten befand sich der Leib Bernadettes – 46 Jahre und zwei Tage nach ihrem Tod – immer noch in unversehrtem und geschmeidigem Zustand. Die Adern der Unterarme schimmerten bläulich und traten leicht hervor, die Fingernägel waren intakt und rosig. Nur ihr bräunliches Gesicht war etwas blasser geworden. Mit sorgsamer Andacht wurden diesmal ihr Antlitz und ihre Hände mit einer dünnen Wachsschicht überzogen. Der Leib verblieb in der Kapelle der heiligen Helena, die bis zur Seligsprechung am 14. Juni 1925 durch Papst Pius XI. verschlossen wurde. Im Juli 1925 wurde Bernadette, die immer noch aussah, als ob sie nur friedlich schlummerte, in einen Schrein aus Glas und Gold gelegt und im Chor der Klosterkapelle von Saint-Gildard aufgestellt.

Am 8. Dezember 1933 sprach Papst Pius XI. in der Basilika von Sankt Peter in Rom in Gegenwart von sechzigtausend Menschen Bernadette Soubirous mit ihrem religiösen Namen Schwester Marie-Bernard heilig. Ihr Festtag in der Weltkirche ist der 16. April. In Frankreich ist es der 18. Februar, der Oktavtag des Festes »Unserer Lieben Frau von Lourdes«. Es ist die Erinnerung daran, dass Lourdes und Bernadette untrennbar miteinander verbunden sind.

Und in der lichten Kapelle von Saint-Gildard in Nevers, die jetzt die Kapelle der heiligen Bernadette geworden ist, scheint die Heilige fortwährend zu Füßen der Statue von Unserer Lieben Frau von Lourdes weiterhin zu schlummern. »Die Augen sind geschlossen, aber sie ist da«, schreibt Pater Ravier. »Unverletzt ist das Gesicht, in welchem sich das wunderbare Licht der Erscheinung der Jungfrau widerspiegelt. Unversehrt sind die Lippen, die die Worte zwischen der Dame und dem Kind geformt haben. Unversehrt sind die Hände, die die Erde von Massabielle aufgescharrt und für uns die Quelle des Wunders und der Buße hervorgebracht haben. Unversehrt ist dieses ebenso zarte wie mutige Herz, das aus Liebe zu Christus und Maria, seiner Mutter, schlug und dadurch auch für alle Sünder dieser Erde. Unversehrt liegt Bernadette da, so als würde sie schlafen und nur darauf warten, daß ein Engel käme, sie aufzuwecken.«

2019 gab es in Saint-Gildard noch vier Schwestern, die nach wie vor aktiv sind. Eine von ihnen, Schwester Denise, kümmert sich um die Öffnung der Kapelle, wo Bernadette in ihrem himmlischen Schlummer die Gläubigen aus aller Welt in Liebe willkommen heißt.

Verwendete Literatur

- Barbet, Jean: Die über alles schöne Frau. Die wahre Geschichte der heiligen Bernadette nach den ersten authentischen Augenzeugenberichten, 1. Auflage. Stein am Rhein: Christiana-Verlag 1992.
- Benedikt XVI., zitiert in: Kirche *heute* 5/2012, Altötting.
- Dom Bernard Billet OSB: Bernadette erinnert sich an ihre geliebte Grotte. In: Lourdes Magazine Nr. 122, Oktober-November 2003.
- Couvent Saint-Gildard, Nevers: »Discover Bernadette in Nevers«, Broschüre.
- Doze, André: Josef, Schatten des Vaters. 1. Auflage. Kisslegg: Fe-Medienverlags GmbH 2009. Französische Originalausgabe: Josef, ombre du Père, 1989.
- Estrade, Jean B.: Bernadette. Die Begnadete von Lourdes. 14. Auflage. Leutesdorf a. Rh.: Johannes-Verlag 2000.
- P. Odilo Flagel OSB: Lourdes. Feldkirch: Lins-Verlag 1964.
- Don Stefano Gobbi: An die Priester, die vielgeliebten Söhne der Muttergottes. 11. deutschsprachige Ausgabe. Mailand: Marianische Priesterbewegung 1998.
- Guynot, Ernest: Bernadette in Nevers. Nach Erinnerungen ihrer Zeitgenossinnen. Leutesdorf: Johannes-Verlag 1984. Erstausgabe Frankreich 1936.
- Läpple, Alfred: Bernadette Soubirous. In: »Nun breite deine Hände aus.« Lourdes. Mit einem Anhang über den Eucharistischen Weltkongress. Genehmigte Sonderausgabe für die Weltbild-Bücherdienst GmbH, Augsburg. Aschaffenburg: Pattloch Verlag 1981.
- *Liebt einander*. nr. 1–2014, polnische katholische Zeitschrift.
- Radspieler, Werner: Lourdes. Pilgerwege. Bamberg: Heinrichs-Verlag 2006.

- Rathgeber, Alphons Maria: Maria, wir rufen zu dir. Ein Buch von Unserer Lieben Frau und ihren Gnadenstätten. Kempten: Verlag Albert Pröpster 1960.
- Ritter von Leitner, Karl Gottfried: Briefe Jakob Lorbers. Urkunden und Bilder aus seinem Leben. Bietigheim-Bissingen: Lorber-Verlag und Turm-Verlag GmbH & Co.KG 1931.
- Sanctuaires Notre-Dame de Lourdes: Le Guide officiel de Sanctuaires. Avril 2003.
- Soubirous, Bernadette: Carnet de notes intimes. 2. frz. Auflage 1983. Deutsche Ausgabe: Notizbuch mit ganz persönlichen Aufzeichnungen. 1985. Archives Sœurs de la Charité de Nevers. Dépôt légal: Juin 2004.
- P. André Ravier SJ: Essay in: Bernadette Soubirous. Eine Heilige Frankreichs, Europas und der Welt. Freiburg: Herder 1979.
- Virtue, Doreen: Maria, Königin der Engel. 2. Auflage. Berlin: Allegria in Ullstein Buchverlage GmbH 2012.

Das Wunder von Lourdes I

ISBN: 978-3-8107-0326-2

Softcover, 14,80€

Bestellen auf www.bernardus-verlag.de

Lourdes gehört heute zu den wohl bekanntesten und größten Marienwallfahrtsorten der Welt, seitdem im Jahre 1858 Maria als die Unbefleckte Empfängnis erschienen ist. Doch schon seit über zehntausend Jahren hat dieser heutige Gnadenort eine bedeutende Rolle in der geistigen und religiösen Entwicklungsgeschichte der Menschheit gespielt, deren Spuren sich bis zur Erscheinung der Unbefleckten Empfängnis und darüber hinaus erhalten haben.

Das Wunder von Lourdes III

ISBN: 978-3-8107-0347-7

Softcover, 14,80€

Bestellen auf www.bernardus-verlag.de

Im Wallfahrtsort Lourdes geschehen unzählige körperliche und seelische Heilungen und der leidende Mensch erfährt Trost. Die Berichte über Heilungen berühren uns, da sich darin auf tiefste Weise die Liebe Gottes ausdrückt. Sie schenken uns Vertrauen und geben uns Hoffnung.

Novität Herbst 2021

Ebenfalls im Bernardus-Verlag erschienen

ISBN: 978-3-8107-0311-8
Softcover, 14,80€

Das Weihnachtsfest, das wir am 25. Dezember feiern, beginnt mit der Weihe-Nacht, der Heiligen Nacht. Ausgehend von den Weihnachtsevangelien und den dazugehörenden kirchlichen Festen geht Gunda Maria Eggerking den religiösen Geheimnissen des Weihnachtsfestes nach, um zu einem tieferen Nachempfinden und Verstehen beizutragen.